U0035300

西藏「活佛轉世」制度

——附佛、造神、世俗法

作者：許正豐　張正玄

ISBN 978-986-86852-6-0

執著離念靈知心爲實相心而不肯捨棄者，即是畏懼解脫境界者，即是畏懼無我境界者，即是凡夫之人。謂離念靈知心正是意識心故，若離**俱有依**（意根、法塵、五色根），即不能現起故；若離**因緣**（如來藏所執持之覺知心種子），即不能現起故；復於眠熟位、滅盡定位、無想定位（含無想天中）、正死位、悶絕位等五位中，必定斷滅故。夜夜眠熟斷滅已，必須依於**因緣**、**俱有依**緣等法，方能再於次晨重新現起故；夜夜斷滅後，已無離念靈知心存在，成爲無法，無法則不能再自己現起故；由是故言**離念靈知心是緣起法**、**是生滅法**。不能現觀離念靈知心是緣起法者，即是未斷我見之凡夫；不願斷除**離念靈知心常住不壞之見解**者，即是恐懼解脫無我境界者，當知即是凡夫。

—**平實導師**—

一切誤計**意識心為常**者，皆是佛門中之常見外道，皆是凡夫之屬。意識心境界，依層次高低，可略分爲十：一、處於欲界中，常與五欲相觸之離念靈知；二、未到初禪地之未到地定中，暗無覺知而不與欲界五塵相觸之離念靈知，常處於不明白一切境界之暗昧狀態中之離念靈知；三、住於初禪等至定境中，不與香塵、味塵相觸之離念靈知；四、住於二禪等至定境中，不與五塵相觸之離念靈知；五、住於三禪等至定境中，不與五塵相觸之離念靈知；六、住於四禪等至定境中，不與五塵相觸之離念靈知；七、住於空無邊處等至定境中，不與五塵相觸之離念靈知；八、住於識無邊處等至定境中，不與五塵相觸之離念靈知；九、住於無所有處等至定境中，不與五塵相觸之離念靈知；十、住於非想非非想處等至定境中，不與五塵相觸之離念靈知。如是十種境界相中之覺知心，皆是意識心，計此爲常者，皆屬常見外道所知所見，名爲佛門中之常見外道，不因出家、在家而有不同。

——平實導師——

達賴率領的
黃、白、紅、花四派
都非藏傳佛教

黃、白、紅、花四派

都修雙身法　與三乘菩提無關

故非藏傳佛教

覺囊派弘傳
釋迦佛的如來藏妙法
才是真藏傳佛教

達賴五世假手薩迦、達布
消滅了藏傳佛教覺囊派
導致他空見
如來藏妙法失傳

摘 要

在西藏政教合一的體制下，轉世活佛不只是藏傳佛教的代言人，也是西藏的實際統治者，其轉世制度與教義，二者都迥然大異眞藏傳佛教覺囊巴；因爲黃、白、紅、花等四大派的全部教義，都傳承自外道化以後的坦特羅佛教，已非眞正佛教的教法，是被印度教中的性力派所滲透後的假佛教；學術界說的「密教興而佛教亡」所說的佛教，即是指此坦特羅佛教，所修的法門全都圍繞在祕不示人的男女交合的無上瑜伽雙身法上面，是故又稱爲密教。坦特羅佛教傳入西藏約在八世紀，而「活佛轉世」出現於十三世紀，中間相隔五百年；且其他佛教流傳的地區（印度、錫蘭、東南亞、中國、日本……），皆未出現類似的現象，可見此制度並非佛教固有。而其出現於西藏「後弘期」教派成立而競爭劇烈的時期，其政治背景與理論基礎頗具西藏本土文化的特色；因此，要瞭解「活佛轉世」制度的本質，必須掌握假藏傳佛教的特色，也就是本論文的副題：**附佛、造神、世俗法**。

歷來關於活佛轉世的研究，多針對歷史及文化兩部分，而於其所以成立的理論基礎，較少系統化的探討。尤其是此制度是否依據「佛法」而施設？是否合乎佛法眞實義？現有的文獻大多是密宗人士所說，故多含糊其詞，或人云亦云，不曾有明確的闡釋與如實的見解。因此本文先從活佛轉世的由來，探索此制度的起源、背景與功能，並進而從活佛的尋訪與認證之過程，發掘活佛轉世的特徵，以確認「**活佛轉世**」在佛法中應具足何種果德。

本文確定活佛轉世的緣起與制度化，係爲了配合四大教派私有之財產與法脈的傳續，使前代喇嘛辛苦培養的個人威望，能延續到下一代而不致中斷或旁落，教派的發展也才能維持永續。在「**政教合一**」的體制成立後，「**活佛轉世**」的傳承方式更成爲權力集中的最佳選擇，甚至是奪權鬥爭的最後手段，由此衍生了許多弊端。

依所謂的藏傳佛教所說，活佛轉世的證量，至少生前能「**預知**」來世的去處，轉生之後也有往世的記憶，如此貫串三（多）世，而不被胎昧所遮；依此前提，則須具備「**正知**」入、住、出胎的果位與證德（至少爲三地滿心）。然而，藏傳佛教的修行方式，卻是與此目標大相悖反，不僅無法斷我見、得初果，亦不能證得第八識眞心，以致未能開悟明心進入第七住位；於解脫道及佛菩提道皆不知不證，又如何地地轉進、遠離胎昧、到達三地滿心而自在轉世？相反的，從古今多數活佛的脫序（貪淫、貪財、妄語、瞋鬥、殺生、祀鬼……），具足凡夫本質，連基本五戒亦不能持守，何來慈悲度眾之菩提心與菩薩行？更證明所謂的「**活佛**」，實乃凡夫之隨業轉生者，並無該制度所誇稱的果地證量。

本文結論確認：西藏「活佛轉世」制度與「佛法」無關，其出現與發展純爲了「教派」生存的現實需要，只是依世俗心想像佛法而施設的世俗法，其理論基礎來自印度變質後的假佛教，與西藏的通俗密教、苯教及民間信仰的結合，雖然全面套用佛法的名相與言論，卻是全面曲解、變造果證之後的附會之說，藉此成就其「造神」以愚民之企圖。在宗教上，藉此強化了喇嘛的神祕性與權威性；在政治上，保障了封建王權的專制性與永續性，一切世間法上的利益向上層喇嘛集中，最大程度滿足了高階喇嘛的貪慾，符合了無上瑜伽「欲貪爲道」的教理，卻與佛教三乘菩提的解脫與實相智慧，全面反其道而行，導致目前密宗全部教義與佛法的本質及修證完全無關，同時破壞了中國社會固有善良風俗民心，以致部分掌權者極力追求物欲，風行草偃、影響所及，民眾也開始趨向財色的追求。

關鍵字：藏傳佛教、活佛、轉世、化身、胎昧、無上瑜伽、雙身修法、達賴喇嘛

目錄

第一章、前言

二十世紀以來，藏學研究在國際上逐漸成爲熱門學科，大部分的研究皆集中在藏族的歷史與文化上；然而，論及藏族文化，必不能抽離「藏傳佛教」的主體地位[1]；而談論藏傳佛教就不能不關注「活佛轉世」的制度功能，但在舊西藏政教合一的傳統下，研究活佛轉世制度每觸及一些政治話題，在現實環境界不得不避開，以免傷害民族感情，致使大部分的研究，侷限在活佛轉世的歷史沿革以及轉世方法等。嘎・達哇才仁於二〇一〇年出版的《當代藏傳佛教活佛：信徒認同和社會影響》經由實際的調查與訪談，對現代活佛在藏區的現況有綜合性的報告；然而，對於活佛轉世的理論根據，卻眾說紛紜。如嘎・達哇才仁說：

> 研究活佛轉世的專家和學者，在活佛概念和活佛身份問題上見解往往不一致。主要原因是：每位研究活佛轉世的專家和學者都是從各自的視角去解讀和理解活佛這一宗教現象的。[2]

藏傳佛教的活佛轉世制度，不論是在學術界或社會大眾中，都是一個頗受關切的議題，這或由於活佛轉世及其制度，只出現在西藏（其他佛教流行地區，乃至世界上其他宗教，都沒有這種現象）（案：爲什麼只發生在西藏密教中？而不在其他佛教宗派與地區？這與佛法有必然的關係嗎？或只是西藏民族特殊的文化現象？這也是值得探究的問題〕，有其獨特性，再加上它的神祕氣息，吸引了學者及大眾的關注；另一方面，在「**政教合一**」的制度下，各教派的主要活佛同時也是地方政權的領袖，而達賴喇嘛更是全西藏的政治領導人〔案：西藏「**政教合一**」傳統與「**活佛轉世**」制度之間，有什麼歷史淵源與因果關係？是必須釐清的議題〕，最近十四世達賴「**轉世**」與否的議論，牽動著達賴集團與中國官方的政治角力。

以上因素即是世人對「**活佛轉世**」的關注焦點。然而筆者認為這些都是表相上的問題，更根源、更重要的卻是藏傳「佛教」及其活佛轉世的本質，雖冠上「**佛教、佛法**」的名義，然而，深入考察其教義、法門與境界，卻全然偏離或違背正統佛教，而近似於印度的外道及西藏的苯教，又加入密教歷代祖師們許多的想像虛構與玄學創作，以致於變得複雜、繁瑣、神祕、炫惑，並利用「**四歸依、上師相應法、三昧耶戒、鬼神咒術**」等手段，把活佛的地位強行提升到佛、法、僧三寶之上，強化信徒內心對「**上師、本尊、護法**」的虔敬或恐懼，而「**活佛轉世**」更是藏傳佛教「**造神**」運動的集大成，讓其「**即身成佛**」、「**慈悲利他**」、「**視師如（即）佛**」、「**三密相應**」、「**加持成就**」、「**密高於顯**」……種種自創的理論得到了信仰層面的支持。文盲的信徒多半惑於喇嘛的權威與巧言，而盲目地認同其說，不敢存疑。這就是密教喇嘛們之所以能有效統治舊西藏數百年，移花接木取代正統佛教的手法。

而今，大批的喇嘛們走出西藏，欲廣傳此教於西方乃至全世界[3]，魚目混珠，李代桃僵，冒稱是「**大乘佛教**」最後、最高的發展，墮陷世人於邪見、無知[4]，並誤入於無上瑜伽雙身法的邪淫偏行，對佛門的清淨、社會的倫理、人心的安穩，都是嚴重的傷害。因此，本文的寫作動機，即要探討「**活佛**」（案：要說明的是，雖然大部分學者皆認爲在詞源學中，「**活佛**」不能等同於佛，但目前所看到的文獻，皆沿用「**活佛**」一詞而未有任何修正，筆者在此也隨例沿用。）在藏傳佛教的意義，並給予佛法上的定位，讓當代活佛的研究更完整。筆者根據宗教學而指出西藏僞造「**活佛轉世**」之作略乃是「**附佛**」爲門面，「**造神**」以惑眾，然其所思所行不離世俗法之貪著——特別是對淫色的極力貪著而當作其教義之根本，與佛教的梵行、解脫及實相智慧全面悖反。因此，在論述中剝除其佛法（名相）的包裝，讓這個中國西南邊陲地區性宗教的眞相，如實地呈現於世人眼前，不再神祕，讓世人於「**佛教**」與「密教（喇嘛教）」知所區隔與抉擇。

首先，也是最重要的問題是：自稱爲藏傳「**佛教**」的歷史、教義、行門、證果，並不符合 釋迦世尊三轉法輪諸經的眞實義，而是別有所本——以外道法混入佛門，全面取代 如來的三乘菩提法教；其「教、理、行、果」之實質，不但與大乘佛教全然無關，也全面違背二乘菩提解脫道，只能說是依附佛法的外道。

那麼，何謂佛法的眞實義？有何主要的修學內涵、次第與果位？

佛法之內涵，唯有二主要道——解脫道與佛菩提道，除此以外，無別佛法。

解脫道者謂：斷除我見及我執，於聲聞法中即是初果至四果所斷之煩惱也。初果所斷之煩惱爲三縛結，即是我見、疑見、戒禁取見；二果所斷煩惱爲減低欲界煩惱之貪著，令貪瞋癡淡薄，名爲薄貪瞋癡；三果所斷煩惱爲五下分結，即是欲貪、瞋恚、我見、戒禁取見、疑見，永離欲界愛——梵行已立，其心境永遠不再還來欲界中；四果所斷煩惱爲五上分結，即是色界貪、無色界貪、掉舉、慢、無明。……心境已離三界境界，死後不再出現於三界中。菩薩則是必須實證此境界後，再憑無生法忍智慧及廣大福德，方有資格依十無盡願生起增上意樂而起惑潤生，進入初地。

佛菩提道者謂：修證法界實相之智慧，即是第二、三轉法輪所說之般若也。般若分爲總相智、別相智、道種智；總相智及別相智即是大小品《般若經》及《金剛經、心經》所說之般若，即是實相法界之智慧也；種智即是第三轉法輪所說之八識心王一切法，都屬如來藏所含藏之一切種子內涵，即是唯識增上慧學也。……佛菩提道之修證，始由六度萬行之熏習，外門之廣行六度萬行；復由四加行之斷除我見，雙證能取所取皆屬空性如來藏，進而證得第八識如來藏，明了一切有情本具之實相心，證實一切能取與所取確是空性如來藏心，已能現

觀，通達般若總相智；然後次第漸修，逐漸進修般若別相智——閱讀般若系諸經，通達般若之別相智。復又進斷異生性，發起金剛心，進修種智——第三轉法輪諸唯識系經義，修證道種智；次第進修十地之十度行，漸次邁向佛地。

這段文字，從實證的立場，簡要而概括地說明了佛法的內涵：二主要道是一切菩薩必修之道，兩道相輔相成，不可偏廢。解脫道若有因緣，一～四生精進的修行，即可圓證；佛菩提道的佛果，則須歷經三大無量數劫乃得圓成。若無相應的廣大福德與智慧，則難以通達般若，不可能入地——連第一大無量數劫的道業都無法完成。這兩個法門的具足實證，可以讓人斷除**分段**生死而出離三界，也可以讓人成滿究竟的佛果，故稱為「**兩大甘露法門**」。綜而言之，解脫道、佛菩提道就是全部的佛法（道果雖有二，其實是一，也就是「佛菩提道」函蓋「解脫道」）。除此，別無其他佛法了；所謂後出勝於先出，所謂佛法的演變，都只是未證凡夫的臆想及改變，與三乘菩提已經圓滿傳授的教法無關。依此而如實修證，所成就的才是如來正法的智慧與果位。若這兩種之外，另有第三道、第四道，都屬心外求法，就必然是（第八識眞如心之外的）外道。

此外，亦可以所證菩提而分三乘：

《菩薩優婆塞戒經》卷一：「菩提三種：一者聲聞菩提，二者緣覺菩提，三者諸佛菩提。……」（《阿含經》中也明說有佛菩薩、聲聞眾，亦說有三乘部眾：「諸佛與緣覺，菩薩及聲聞……」（《別譯雜阿含經》卷3）。

聲聞菩提之要義，乃在依聲聞法而斷除惡見，修除我執而出三界輪迴，……佛爲摧破諸種常見外道，建立十八界、十二處、五蘊、六入之法，一一分析，令諸學人聞已，依佛言聲證解，而斷我見乃至我執，成阿羅漢，此即聲聞菩提。……

緣覺菩提。緣覺出於無佛之世，由因無佛出現人間，不聞二乘菩提音聲，依自觀察思惟，親證蘊處界空，故成辟支佛；……雖其所思所觀不異聲聞菩提之蘊處界空、無常、苦、無我、緣起性空、九因緣乃至十二因緣，然偏於因緣觀者多；……

佛菩提亦名大乘菩提，或名大菩提。……此謂二乘菩提所覺悟之智慧，唯能成就出離三界分段生死之解脫果，不能成佛，……大乘菩薩若得證悟，不論證悟後已否證得有餘涅槃，悟後皆必依於大悲之心，發起世世受生不入無餘涅槃之大願，世世自度，亦復如是教人轉度有情；如是乃至成佛時，度衆無量，故名大乘菩提。（平實導師著《宗通與說通》，正智出版社。）

二主要道及三乘菩提之修學與實證，皆依據佛世「三轉法輪」而施設：

四阿含諸經，爲佛教根本，是佛初轉法輪所說，攝屬五時三教之聲聞教。所說雖爲方便接引畏懼生死之聲聞種性法，然已處處隱覆密意而說大乘般若唯識。惟因般若及唯識之意涵極為隱密，故不易為人所知所觸；學者復多急求了生脫死，欲求解脫果證，往往忽略，不知不證。及至成就俱解脫果已，自知不受後有，於解脫道之梵行既立、所作既辦，未捨壽前便思惟：「阿羅漢入滅已，是有？是無？是有無？是非有無？」由是思惟故，知有涅槃本際不滅，離我離人離受想行，寂然無想（無覺知），非三界有，亦非斷滅無，由是說名中道。然猶不能眞證中道，謂仍未知未證未領受涅槃本際—第八識—故不能眞起般若慧，不入眞實中道。遂有後來佛說《般若經》六百卷及小品般若等，……此謂般若中道實相，乃是說人人皆具之眞實自心，具有中道性，是一切法界之根源，親證之者能漸了知法界實相，世出世間般若即得漸生，了知有餘涅槃無餘涅槃，亦能證知不共二乘之本來自性清淨涅槃，後亦能知佛地無住處涅槃而求未來證之。……諸大羅漢迴心大乘證般若已，欲求佛地正遍知覺大菩提果，然猶無階可達，佛乃三轉法輪，宣說唯識五位十地行果，敘說菩薩法無我智，令啓一切種智而住無生法忍地，地地增上乃至佛地四智圓明；……故初轉法輪至三轉法輪諸經，由淺至深，前後貫串，一氣同聲，無有絲毫牴觸矛盾；二轉三轉法輪所欲說者，皆已預埋伏筆於四阿含中，以待後時緣熟而說，愈說愈了義，愈說愈究竟勝妙。然後以《大般涅槃經》宣示見性成佛之義，以《法華經》收圓總成，五時三教至此圓滿，故名終教。（平實導師著《宗通與說通》，正智出版社。）

三轉法輪雖因說法的因緣時節不同而有淺深次第，然而一體融貫、前後呼應，完整宣說了自凡夫位乃至佛地所應修證之一切佛法的知見、行門、修法、證境、果位，毫無遺漏，世尊自知化度之緣已滿，完整佛法已經宣說，於是取滅度、示涅槃，盡未來際依**無住處涅槃**而利樂有情。釋迦如來既已成佛，所說必然具足成佛之道無所遺餘，因此可說，從彼至今，整體佛法常住世間，圓滿具足，不須密教另外創作或補充也。學佛人如實如理的依之而聞、而思、而修，即可取證三乘菩提，這就是佛法眞實義；而三轉法輪的義理核心及佛菩提之證悟標的，就是第八識如來藏，於般若諸經中有時亦名眞如（案：《大般若波羅蜜多經》卷二九五〈說般若相品 第三十七〉：「**佛言：『善現！眞如不生不滅、不染不淨，故般若波羅蜜多清淨……』**」（《大正藏》冊六，頁五〇二，下二五－二七。））：

若欲求證大乘法之眞實義者，則必須先證第八識，確認其有，親自體驗其眞實不虛之體性，並驗證其所蘊涵之衆多種子，方能眞知大乘經中所說一切種智之勝妙。（平實導師著《狂密與眞密》，正智出版社。）

佛經上皆說第八阿賴耶識心體是三界之主體識，是一切法出生之因由，也因爲有此阿賴耶識心體的金剛不壞性，才能有解脫涅槃與成佛可得。（正覺同修會台南共修處．法義組著《假如來藏》，佛教正覺同修會。）

**阿賴耶識即是萬法之主體識故，是萬法之根源故，於諸經中，及親證初地滿心

以上之菩薩所造之論中，悉皆如是說故。（平實導師著《燈影——燈下黑》，佛教正覺同修會。）

佛在二、三轉法輪諸經所說的輪迴主體識則是第八識，大異外道所說「神我、大我」的第六意識。（平實導師著《眞假開悟》，佛教正覺同修會。）

萬法本源的第八識，是眾生本有，能生五蘊及萬法（案：《大般若波羅蜜多經》卷五六九〈法性品　第六〉：「**諸法雖生，眞如不動；眞如雖生諸法，而眞如不生，是名法身。**」（《大正藏》冊七，頁九三七，下一七-一九。））**，是眞實的中道心。三乘菩提中，聲聞阿羅漢與緣覺辟支佛雖未親證第八識，卻曾聽　佛所說此心而信受之，經由五蘊、十八界的深細觀行，了知此身及六識的虛妄**（諸行無常、諸法無我）**，而斷除「我見」及「我執」，入於涅槃。大乘菩薩則須先證此實相心，並依此悟道所生之總相智→別相智→道種智而次第進修，歷經三大無量數劫，累積了無量無邊的福德、智慧，而圓成佛菩提道。**也就是說，三乘菩提同以第八識如來藏爲根本因，這是不能增減、也不能否定的。

上述內容是確定而可證的，也是檢視「眞、假」佛法的標準，學人若能信受，並依教奉行，必有因緣斷我見、證眞如心，生起般若慧，按部就班從十住、十行、十迴向而入地，進修道種智，邁向成佛之道。其前提是肯定佛說「**眾生本具八個識**」，不多不少，功能不同而和合運作；前七識乃第八識（如來藏）所生，是緣起生滅的有爲法；第八識則是常住不滅、眞實不動的心體。若有人否定第八識及第七識而主張「**唯有六識**」的邪論，並以第六意識（細意識心）爲**常恆不變**的眞如心，即是附佛謗法的外道。

準此而言，對照百年來所謂的「**藏傳佛教**」，乃是七世紀中陸續由印度、尼泊爾的坦特羅佛教（左道密宗），以及中國等三方面傳入的「**佛法**」，再加上西藏苯教混合而成的宗教。早期從印度、尼泊爾傳入西藏的是摻雜了印度教的性力崇拜、鬼神信仰、神奇感應的密教，大量夾雜著性交修行的坦特羅（近代新譯爲譚崔）教義，是印度晚期佛教被外道滲透後的假佛教，摒除三乘菩提的所有法教，本質上已不是 釋迦牟尼佛傳授的佛法了；另一方面，密教也吸收了西藏苯教的九乘經法，及各種密咒、護法與山靈崇拜；再者，當時由中國傳入西藏的佛法，則偏向於佛像與佛經表相，缺少第一義諦的實證法門，對藏傳佛教的影響極小。而當年印度密教已非眞正的佛教，後來被入侵的回教軍隊所驅逐，只能逃往西藏，重整旗鼓，兼併了藏地原始的「**苯教**」，把當地巫術信仰的鬼神、羅剎、人獸，升格爲護法、冊封爲菩薩，分享血酒肉食；又篡改佛經、僞造密續，混入大藏經中，惑亂佛教正法，僞經、矯戒及不如法的「**四皈依**」，全面翻轉了正統佛教教義與行持，使舊西藏的同胞們淪爲喇嘛上師的犧牲者。更以凡夫心性冒名頂替而名之爲「**金剛乘**」，高推於佛教三乘聖者之上，虛構「**顯、密**」二教分立的教相而得分庭抗禮；

如此大雜燴，由松贊干布、赤松德贊、巴．賽曩、寂護、蓮花生、阿底峽、宗喀巴、寂天的宣揚而成立，誤導眾生……。

「藏傳佛教」的後弘期又以各取所修之密續與行門而分流衍派爲寧瑪、格魯、噶舉、薩迦四大教派及旗下支系，簡稱紅、黃、白、花四派，快速的繁衍；各教派爲了增長世俗與宗教的勢力，莫不各尊其祖師，誇大自派領導人的聲望與魅力，無所不用其極的「造神」、「造經」（案：天竺晚期假佛教就是爲了特定目的而僞造各種違背聖教的假佛經「密續」，竄入大藏經中，如《大日經》、《金剛頂經》、《蘇悉地經》，以及《釋摩訶衍論》與其釋文，都是僞造的[5]），西藏各教派據此進一步建立「轉世」神話以招攬群眾，只爲壓倒他派，爭取世間的權力與財富。於是形成了諸多系統的「活佛」分贓；致令「藏傳佛教」所在之處，充斥了上千大小的「活佛」、「法王」。爲了生存及掌權，更援引域外政治強權爲靠山，進行派系內鬥；於是，在內是政教結合，對外國則屈膝稱臣，互相利用，結成利益群體，以驅役所屬雪域廣大農奴，踐踏基本人權，蹂躪民家婦女……。這一切令人咋舌側目的身口意行爲，不只令正統佛教蒙塵，更令藏地百姓受苦，如是變態的藏傳「佛教」，表面上圖利了少數的統治階級（三大領主：官家、貴族、上層喇嘛），事實上是全體遭殃、共業惡報，造成了舊西藏人民有百分之九十五是農奴的現象，直到被政府解放爲止才改觀。

因此，本文從教義與行持，依舊西藏的藏傳佛教僧侶行爲，歸納出四大派自稱的「**藏傳佛教**」及其活佛轉世的三個特質：**附佛**、**造神**、**世俗法**。

附佛：「**藏傳佛教**」乃是藉佛教名相而說外道法者，本質乃是外現佛教、內修外道法之附佛者[6]。隨其勢力之增長以後又自稱密教，將正統佛教冠上顯教名稱而與佛教爭正統，常自謂其祖師之修證，勝於 釋迦佛。然而，如是等人既不知二乘解脫之正理，仍處於凡夫位——初果尚未實證；更不能卜度大乘佛菩提道之眞義，都未開悟見道明心，於佛法之修證乃門外漢；所說都是三界有爲法，自謂別有三乘菩提以外之方便成佛法門，能令人一世即成究竟佛；乃是頭上安頭，非眞佛法也。何以故？佛於三轉法輪經中，一切佛法都已宣說圓滿，無欠無餘，所以最後說《法華》及《涅槃》而將一切佛法收攝圓滿，方取滅度；不可能還有應說而未說，而須由「**大日如來**」及「**金剛持佛**」代爲宣說者。印順法師云：

密教以崇拜者爲鬼神相，其供品乃有酒、肉。有所謂「五甘露」者，則尿、屎、骨髓、男精、女血也。更有「五肉」者，則狗肉、牛、馬、象及人肉也。以此等爲供品而求本尊之呵護，亦可異矣！……所崇事者，天身之佛。天有明妃（天后），佛亦仿之而有「佛母」、「明妃」，此即與「方便（悲行）爲父，般若（智慧）爲母」之大乘義相雜。金剛以表雄猛折伏，蓮華以表慈和攝引，亦一轉而爲生殖器之別名。密教所崇事之本尊，無不有明妃。「事部」則彼此相顧而心悅，「行部」則握手，「瑜伽部」則相擁抱，「無上瑜伽」則交合：此固順欲界欲事之次第而成立者。……「無上瑜伽」者，以欲樂爲妙道，既以金剛、蓮華美生殖器，又以女子爲明妃，女陰爲婆伽曼陀羅，以性交爲入定，以男精、女血爲赤、白二菩提心，以精且出而久持不出所生之樂觸爲大樂。外眩佛教之名，內實與御女術同。……總之，秘密者以天化之佛、菩薩爲崇事之本，以欲樂爲攝引，以猙獰爲折伏，大瞋、大貪、大慢之總和。而世人有信之者，則以艱奧之理論爲其代辯，以師承之熱信而麻醉之，順衆生之欲而引攝之耳。[7]

釋聖嚴亦云：

事部則彼此相視而悅，行部相握手，瑜伽部相擁抱，無上瑜伽部則兩身相交。此在《諸部要目》中說：「佛部，無能勝菩薩以爲明妃；金剛部，孫那利菩薩以爲明妃。」爲了表徵悲智相應，部主均有女尊爲偶，修法者付之實際，便是行的男女雙身的大樂。後來，遂以金剛上師爲父，以上師之偶及一切修密法的女性爲空行母，竟至將上師修雙身法而遺的男精女血爲甘露、爲菩提心。佛教本以淫欲爲障道法，密教的最上乘卻以淫行爲修道法。……以佛教的本質而言，唯有理解並實踐四諦法，才能達成眞解脱的目的；唯有實踐戒定慧三無漏學及四攝六度，才是眞正的成佛之道。若藉佛法之名而行外道之實，佛教豈能不亡！[8]

劉貴傑亦云：

西元六~七世紀，印度教逐漸取得優勢地位，與此相應，佛教界漸漸興起具有順應印度民間信仰特質的密教；至七世紀以後，成爲印度佛教的主流。……金剛乘則把智慧喻爲女性，因爲智慧具有靜的特性；把方便喻爲男性，因爲方便具有動的特性，進而將男女性交視爲瑜伽表現。……不論在教義上，或者是在儀禮、崇奉的尊像上，密教都與以往的大乘佛教完全不同。簡單的說，密教瑜伽是把瑜伽行派的義理，作爲其形上哲學基礎而展開的，同時又以此作爲根據，把本來是異教的密教修行方法確立爲正統地位。[9]

以上學術界的考察，證明了印度佛教的正法，於七、八世紀已被印度教滲透，被密教坦特羅密法取代了，那時已找不到證悟般若中觀的勝義僧，因此學術界說「密教興而佛教亡」，說密教不是佛教，乃是附佛法的外道，這是正確的結論。而西藏從最初接受的「佛法」，並不是顯教正法，而是印度密教的外道法（文成公主與金城公主從中國所傳入的像法佛教，於八世紀初的佛苯鬥爭中被毀），是源於後起的金剛乘，卻依附於佛教表相與佛法名相，而冒充是佛教。從「藏傳佛教」的發展，可看出一個「附佛→造佛→非（毀）佛」的過程。自古以來，藏傳佛教就寄生在佛教中，藉種種不外傳的咒語與性交密法而假造普賢王如來、金剛持佛爲本初佛（A^di-buddha 阿達爾瑪佛）〔案：另一音譯爲「阿里不達」，台灣社會至今仍援用此語來責備不正經的人。〕……，自稱大乘佛教的最高修證，甚至超出大乘之上，以此毀佛滅法、李代桃僵，坐享佛教既有資源而破壞正信佛法。西藏密宗所謂的「無上瑜伽」性交成佛之法，只是假藉佛教中的瑜伽正行名義而仿冒的，與佛法中說的「瑜伽行」無關。佛法瑜伽行派傳授的「瑜伽行」意爲「相應行」，是與第八識如來藏的眞實如如與不生不滅、不來不去……等法性的實相法界相應的修行，但密宗的「無上瑜伽」純屬識陰與色、受、想、行相應的流轉沈墜境界，其遍身淫樂而認定專心受樂的覺知心爲空性的修行，與佛法全然無關，只是對佛法「瑜伽行」的仿冒與欺騙者。

造神：從藏密聞修之教理行持及其崇奉之本尊護法來看，其人境界不過於凡夫，其尊不外乎鬼神，本皆是欲界內眾生；卻攀附佛教之義理與賢聖以自高，初則視其（喇嘛）上師如佛、尊其教主爲菩薩化身、空行護法皆乃佛之使者，繼而以自編之經論爲教外別傳之密法、伏藏，聲稱乃顯教所無；終則建立「**活佛轉世**」之制度，以彼爲高於佛之大成就者而得以生死自在、轉世無疆。這樣的造作，讓外人誤以爲西藏得天獨厚、諸佛獨鍾：土地是濁世唯一的淨土香巴拉，人民是觀世音菩薩眷顧的後代，國王貴族都是菩薩化現的聖主賢臣，經典密續皆乃古佛密意之究竟了義，政教合一是民眾無上的福祉，活佛傳承體現了利他無盡的大悲……。當這一切理論施設被強力宣導而成爲藏地普及的信仰之後，人們對漫天蓋地的「**活人**」佛菩薩，除了崇拜、頂禮、讚歎，將個人渺小的身口意全然託付、自我消滅之外，再也不敢有疑，乃至不必多慮了。如前弘期之松贊干布被尊爲 觀音菩薩的化身，他所迎娶的兩位外國公主（赤尊、文成）分別是綠度母、白度母（案：據密宗《度母本源記》所載，是觀世音菩薩見眾生難度，左眼流下一滴淚，化爲綠度母；右眼流下了一滴淚，化爲白度母。）……；這種一方面結合了西藏、尼泊爾的密教信仰，另方面借大唐正統佛教爲它漂白，於是王室家族都成了 觀世音菩薩的化身，以宗教身分而鞏固其政權統治；其後更有松贊干布、赤松德贊、赤祖德贊被尊奉爲「**吐蕃三大法王**」；赤松德贊（文殊）、寂護（金剛手）、蓮花生（觀音）並稱爲「**師君三尊**」（案：西藏佛教前弘期三位重要人物：靜命、蓮花生和赤松德贊）。後弘期則因地方政權與各大教派的崛起，造神的對象轉向寺院僧侶，教派祖師及其傳承法脈都成了佛菩薩的化身，而教祖自意妄想所編撰或託名本尊（空行）密授之法皆以佛化之名相包裝，外人不知其詳，誤以爲後出轉精而勝妙於顯教。這一切自我標榜的行爲，雖托附於佛教，因其本質不出乎（低階）鬼神層次，故只能勉強稱爲造神或裝神弄鬼，卻與佛法之教義與修證不相應，乃至相違背。

世俗法：所謂世俗法，是佛教之勝義與世俗的相關思想（案：西方近代宗教社會學有所謂「世俗化」（secularization）的觀念與運動，但其思想背景乃是一神教的現代化、理性化之過程，與本文所論有點類似的，如楊鳳崗著，〈宗教世俗化的中國式解讀〉所說第六種含義：「宗教從神聖轉變爲庸俗，……把宗教當做賺錢的工具，把宗教器物和場所作爲盈利的經濟實體來經營。」[10] 或康素華著，《世俗化時代的宗教教育改革》所云：「隨歷史演進，宗教爲因應社會變遷，宗教組織和制度產生變化，教義修正以與個人世俗價值觀融合。」[11] 但本文所考論的重點是：西藏密宗的本質就是（佛法中指斥的）世俗法，從來不曾有神聖（第一義諦）性，從古至今雖以佛教爲名，所聞所思所修所行皆不離三界五蘊（三毒五欲）的世俗法，不是因爲近現代的社會變遷才「世俗」化。」——由於西藏密宗四大教派從本以來不知不證三乘菩提之眞實義，而將佛法嚴重世俗化、外道化，其信眾與行者自陷於追求世俗法（我、我所之見與執）之利益，誤以爲即是修行之標的。也就是說，藏密之修行內涵，其實是世俗法，但借用了佛教的三寶名相作包裝。其法與「六轉識」的境界（欲界愛的我與我所）相應，故熱衷於拉攏境外的政權勢力、熱衷於構築教派的高大寺院、熱衷於建立嚴密的統御系統、熱衷於剝削領地貧苦農奴權力的恢復……。終日用心於這些世間法之事與業，不捨權位享樂的世俗化取向。西藏密宗的世俗化很深入，其宗教儀軌及觀念有很多苯教巫術的元素，擅長以「忿怒、威嚇」的形象來勸善……。由於教義的偏差而不能親證大乘眞如之理，於是四處蒐集各種（外道所修）怪力亂神的事物，納入其所稱的佛教中，又說這些世間法是佛菩薩所不了知、不曾修的法；因此，貶抑釋迦牟尼佛的修證不究竟，只有密宗的「大日如來」（不是正統的毗盧遮那佛）能使人即此肉身而成佛，超勝於顯教；這樣的思想與行持，使西藏密宗成爲一種「索隱行怪」的宗教——所「隱」的內涵，是外道的邪知見，違背三法印及涅槃理，乃至於悖離一般的人倫常態而主張雜交成佛，失於人格而格外的神祕怪異。

在佛法上，二乘依世俗法（五蘊十八界之萬法）觀行，主張性交境界是我所而應摒絕才能出離欲界，進而伏斷我見等三縛結及思惑三界愛，出離三界境界，稱爲世俗諦；西藏密宗則依外道法而修行，是不離三界愛的世俗法，所念、所作、所修不離乎五欲有爲法、意識境界法的貪著，又愛好巫術、神（鬼）通。因此，較諸人趣凡夫之「人文」自覺者又低一層次，全然淪墮於欲界粗劣的世俗法中。杜永彬云：

> 在舊西藏，藏傳佛教與封建農奴制度密切結合，形成僧侶、貴族聯合專政的「政教合一」制度。歷代的藏傳佛教領袖以神佛的名義，總攬西藏三大領主的最高統治權。他們可以根據佛教的教義和「神佛旨意」，制定、解釋和執行法律。寺院可以利用宗教特權，擁有法庭、監獄和武裝等專政工具。寺廟擁有大量的土地、農奴和牲畜，放高利貸。僧人傳統觀念的變化，由苦行到享樂，由禁欲到開禁，由求來世到重今生，由無常到有常，由出世到入世。總之，喇嘛的神觀、人觀和價值觀都賦予了世俗化的特點。[12]

究極而言，藏傳佛教之本質，乃是相應於鬼神而雙具邪淫與污穢之「宗教」，其「修行」法門，是追求欲界最粗重之「淫樂」的世俗法，令人永淪於欲界之最低層；其所崇奉之「佛菩薩」，其實是山精、地祇、鬼神、夜叉、羅刹所冒充化現者，故有各種顏色，如五色佛、五色菩薩、五色度母、五色經幡（風馬旗）等，亦須用世間最污穢之物，如大小便、淫液、鮮血、生肉而供養之。如宗喀巴《密宗道次第廣論》以無上瑜伽為密宗修行的終極目標，卷六云：

〈集智金剛續〉說有貪乘人成佛之理，攝為四聚。謂續、因緣、訓釋、近因。此義如〈明炬論〉云：「以貪法理趣，證義故宣說，能生五部佛，說名為相續。後合為一部，說名為因緣。執持金剛等，是說名訓釋。喜等諸正行，當知說為因。」〈明炬論〉以離欲乘人欲界成佛四相為喻，而說有貪乘人一生成佛四相亦同。[13]

這裡坦言西藏密宗的無上瑜伽就是「貪乘」，是男女雙修之法，宣稱能讓人一生成佛，是藏傳佛教的核心教義。而「離欲乘」也就是正統大乘佛（顯）教，須經三大阿僧祇劫的修行才能成佛；相較之下，貪乘似乎勝於離欲乘。然而，無上瑜伽（坦特羅）源於印度教性力派，學術界早有定論[14]。因此，密宗的理論與方法與佛教完全不同，「離欲」在佛教的修行架構中極其重要，而密宗卻將男女淫欲發揮到極致（案：由此看來藏傳佛教的活佛也無法符合初果的證量，更無法符合三地菩薩的證量，如《十住經》卷二：「**菩薩如是，能住明地，即離諸欲惡不善法。有覺有觀，離生喜樂，入初禪；滅覺觀，內清淨，心一處，無覺無觀，定生喜樂，入二禪**（中略）**過一切無所有處，知非有想非無想安隱，即入無色非有想非無想處。**」（《大正藏》冊十，頁五〇七，下二一－頁五〇八，上四。）明說三地菩薩要修四禪八定，而入初禪之首要條件須「離諸欲惡不善法」，最基本的要離五蓋：貪欲、瞋恚、睡眠、掉悔、疑，主修無上瑜伽的「藏傳佛教」活佛都不能離貪欲蓋），彼此背道而馳，天差地別。而藏密卻有一種辯解，說無上瑜伽是根器大、證量高者才能修學，但這是混淆了佛法的「實證」與「方法」——「離欲」是修行的證量，我們只可說某一種「法門」較殊勝，能令學人較快證得離欲，卻不能藉口「方法」不同而略過「離欲」的證境；藏密學人不應犯這個錯誤。

藏傳佛教傳入西藏的時間約爲西元八世紀，而活佛轉世起源於五百年後的十三世紀的噶瑪噶舉派的噶瑪拔希，並逐漸被其他宗派所仿效、採用，而最終發展、完成於格魯派的四大活佛系統。雖然佛教中存在著輪迴轉世、化身等理論與史實，足以證明佛或大菩薩因其悲願，可以化身或轉世的方式，不斷在人間救度眾生，是世世都有三乘菩提的親證實質爲前提；然而藏傳佛教中的活佛，究竟是以什麼樣的條件於人間不斷轉世？卻是眾說紛紜。本文探討藏傳活佛轉世的過程，依其宣示的證量，歸納其轉世的特徵，進而依正統佛教的法義以審查其「附佛」之論述，並從歷代活佛轉世之實況，可判定其表裡不一、自相矛盾，並由此確認藏傳「活佛轉世」的本質及其「制度」之功能。

藏密「活佛轉世」之對「佛教」的依附與利用，並無任何如實、如理的認識與證悟，止於包裝其巫術、性力之本質，而成爲一種神祕主義的魅力；因爲西藏密宗從來不是佛教，只有對佛法的想像、誤解與憧憬，投射於竊自佛教的佛法名稱與教相中，全面以佛教名義包裝而大肆其說，矇騙了世人數百年。本論文就在去除其佛教名相之魅惑，還原其巫術本質之面目，再由民眾決定其今日對社會之功能與存留。歷史上，中國政府對蒙藏地區活佛轉世的「管理辦法」[15]，可視為理性（現實）的去魅過程，去除了誤解（扭曲）佛教的雲霧，回歸其假宗教之名以把持「**權力**」與「**財富**」的基本面。也就是說，「**活佛轉世**」是「藏傳佛教」四大教派諸多人為（政治）神話之集大成。本論文一層一層地剝除其「**佛法**」之名相概念的包裝，讓活佛轉世的本意與功能，赤裸地顯現，也就是去「**佛教化**」、去「**理想化**」之後，顯示其所隱藏的世俗心、欲界法的眞面目。西藏密宗不是佛教，都無佛法中三乘菩提的內涵，所以，若剝除了佛法的外衣，所謂「**活佛**」轉世制度的緣起與眞相是什麼？便可了然而無魅惑。儘管達賴喇嘛再三聲稱它是佛教的一支，歷史事實卻顯示，是由他們把眞正藏傳佛教覺囊巴消滅而取代了，然後成為藏傳佛教的代表者；但從其歷史教義、修行、證果之內涵，皆可對照其悖離佛法，乃至毀謗三寶的事實，因此有兩種可能：

1、**無知**，從七世紀陸續傳入西藏的就已是變質的佛法——譚崔密教（古譯為坦特羅密教），因此，近代西藏人幾乎不曾接觸眞正的佛教，從來不知佛教為何物，而無可比對（縱然已聽到正統佛教的分析及辨正，卻因先入為主而不相應），只能跟著前人學習，將錯就錯的自稱藏傳佛教。

2、**攀附**，後來有些修學者，雖略知其法有異於佛法，但爲了現實的名利與地位，寧可繼續僭稱爲藏傳佛教，乃至宣稱其教出於佛而勝於佛，或融合藏族地方文化而有其特色，不同於漢傳與南傳的佛教體系。

以上兩種情況都基於一種內在的考慮：若承認自己不是佛教，千餘年來的傳承應如何重新定位與存續？

目前對於活佛轉世的專書與論文，除了介紹其種種神話傳說之外，多數著重於史學、政治學、人類學的探討，對於活佛轉世與佛法實證之關係，較少系統性的論述；筆者所過目的論著中，對這個議題較關注的，主要有《藏傳佛教活佛轉世制度研究論文集》、《活佛轉世及其歷史定制》、《藏傳佛教活佛轉世》、《藏傳佛教中的活佛轉世》，這些著述幾乎一致地肯定「**三世輪迴**」與「**化身**」說爲活佛轉世的佛法依據。然而，佛教的化身說，能否等同於藏傳的活佛？這些著述並未進一步論證。鍾金芳《西藏佛教轉世制度之研究——以化身概念爲主之探討》，在前人的基礎上，試著連結「**活佛轉世**」與「**菩薩化身**」這兩個概念；然而，詳細檢視該文列舉的經論，仍不能證明藏傳活佛確實是佛菩薩或大成就者的化身轉世。另外，嘎．達哇才仁《當代藏傳佛教活佛：信徒認同和社會影響》，則經由各項問卷調查，以歸納當代活佛在西藏現實社會之地位與功能。這幾本「**活佛**」研究的專書及其他發表在相關學術期刊的論文，都是本文所參考與評論的資料。

1 所謂「藏傳佛教」，只是當代學術界通用的名稱，若究其實質內容乃是源自印度坦特羅佛教而傳入西藏並本土化的「密教」，其教義、行法、證境各方面都悖離正統佛法的聞思修證（教理行果），乃至於種種扭曲事實大妄語的自讚（誇大密教）毀他（貶抑佛教），因此，不能籠統的冒稱爲佛教或佛教的支派，而可就其核心特徵以正名爲「西藏密教」或「喇嘛教」。（請參閱：〈空行母悲歌——女性在藏傳佛教的角色與命運〉註1，正覺學報第五期，二〇一一年十二月出版，頁六三。）

印度以祭司爲主體（婆羅門至上）的宗教，稱爲婆羅門教；西藏以上師喇嘛爲核心（喇嘛至尊）的宗教，亦可名爲喇嘛教。且兩者之間有傳承的關係及相同的本質。藏王松贊干布引進的「佛教」，其實是天竺已經外道化的坦特羅佛教；爲了適應民情，將本土的「苯教」鬼神信仰融入其中，就更爲邪謬了；蓮花生又把印度教性力派的「雙身修法」帶進西藏，宣稱爲佛法而公然弘傳；後來阿底峽傳入西藏的「佛教」，乃是應成派六識論的中觀邪見，不離我見、常見。因此所謂的「藏傳佛教」已完全脫離佛教的法義與實證，甚至最基本的佛教表相也悖離了，因爲左道密法是污穢行淫的邪道，與大乘佛法不相容，但阿底峽巧妙的用佛法名相來包裝密法，所以西藏密教的正確名稱應是「喇嘛教」——也就是左道密宗融合西藏苯教，而不能稱爲「佛教」了。

例如姚麗香著，〈藏傳佛教在台灣發展的初步研究〉說：「『喇嘛教』一詞是早期外國研究者介紹西藏佛教時所用的名稱，當時此一名稱隱約含有『墮落的低級的混淆型態』之否定意義。而西藏佛教之被稱爲喇嘛教，根據日本西藏史研究者矢崎正見的看法，乃因西藏佛教所具有的基本特色：即咒術性、對喇嘛異常的尊崇，認定『喇嘛即活佛』等要素所致。」佛學研究中心學報第五期，二〇〇〇年，頁三二五－三三八。

〈密宗是佛教的一宗嗎〉：某些教外學者從佛教的創始、與密宗的形成與教義內涵作了詳盡的分析……從而說明佛陀在世時，反對神秘，否定神權，破斥方技之術，一切咒語術數之學，均被排斥。後來由於外道加入佛教出家者漸多，帶入了某些密咒，繼而迫於新興的印度教因教義簡明而吸引大量信眾，佛教不得不吸收民間信仰諸神的特點，而形成曼陀羅組織，從而走上大乘佛教密教化的道路。最後又結合印度教的性力派而形成無上瑜伽，密宗逐步完成了它的全部形態而自成一派。對此，業露華、李冀誠、丁明夷等學者主張：密宗是印度佛教和婆羅門教以及印度教相結合的一種宗教形態，它已不是正宗的純正的佛教，但還保留大量的佛教教義和儀式。《中國文化史五百疑案（續）》

http://ds.eywedu.com/500/index499.htm

2 嘎・達哇才仁著，《當代藏傳佛教活佛：信徒認同和社會影響》，中國藏學（北京），二〇一〇年七月，初版一刷，頁四一。

3 姚麗香，〈藏傳佛教在台灣發展的初步研究〉：「近三十年來，又在西方歐美社會得到傳播和發展，且被視爲典型的東方神祕主義型的宗教，吸引了不少歐美知識分子，也引發西方宗教研究者的興趣，認爲這不僅是信仰者對當代社會主流思潮的反抗，也直接對西方宗教長期以來朝向所謂『理性主義』的發展趨勢，產生相當大的衝擊。……」

http://ccbs.ntu.edu.tw/FULLTEXT/JR-BJ011/93567.htm

又，〈密宗是佛教的一宗嗎〉：「佛教以其東方宗教的獨特色彩和精深博大的教理而吸引西方社會，密宗的神秘儀規儀式和特殊效應，更像一種新鮮藥劑，吸引著沉溺於墮落、暴力、混亂、污染的苦惱的西方人士，許多科學家也紛紛投身於此中的修持和研討，……。」詳見《中國文化史五百疑案（續）》http://ds.eywedu.com/500/index499.htm

4 〈一個走在變化路上的宗教，藏傳佛教活佛轉世傳承今昔〉：「藏傳佛教並非漢文化邊緣普通意義上的少數民族土著宗教，而是衰落的印度佛教中心北移，喜馬拉雅以北高原之上佛教的正統傳承。可以說，目前世界上最正宗的佛教是藏傳佛教，其憑藉自身的完美便足以證實她應有地位。」（《香港成報》，二〇一二年九月七日。）http://www.singpao.com/laxw/szts/201209/t20120907_385404.html

5 劉滌凡，〈敦煌寫卷中土造經的救贖思想〉，中華佛學學報第十四期（臺北），二〇〇一年，頁二三一－二六六。

6 陳兵著，〈論附佛外道〉：「中國歷史上形形色色的附佛外道，大略表現出以下共同特徵：……一、其教首率多自稱或被徒眾稱爲佛、菩薩降世，或自稱苦修悟道，或現神異惑人。……三、附佛外道皆表面崇佛，打著佛教或佛教新派的旗號。……四、附佛外道雖假佛教爲幌子，其實並不眞正皈依佛法僧三寶，尤其是不皈依以僧伽爲核心的佛教教團，不皈依代表佛陀正法的佛教各宗祖師大德的正見，而且多反對、否認、排斥正統佛教、住持僧伽。」（《佛教文化》電子版，一九九九年第五期‧總第四十三期。）http://ccbs.ntu.edu.tw/FULLTEXT/JR-BJ001/bj100606.htm

7 釋印順，《印度之佛教》第十七章／第三節，正聞出版社（台北），一九九二年十月，三版，頁三二〇－三二五。又《佛教史地考論》〈北印度之教難〉云：「如罽賓比丘的作風，卻是西藏喇嘛式的，把此男女情欲神秘化，把他作爲修行佛法看的。……他們僞造佛說，以爲佛要女人將身體供養他們。女人在信仰佛教的熱情下，聽說這是佛說的，這是無邊功德的大供養，又是頂好的佛法，於是乎上當了。……這就是七世紀以後，印度佛教公開而冠冕堂皇的無上瑜伽——雙身法、歡喜法。……這種男女交合的歡喜 http://www.buddhism.com.cn/fjwh/9905/03.htm

法——近於中國道家的御女術，以運氣攝精爲核心，當然還加上幾多儀式與多少高妙的佛學（？）。在密宗，不但男人要經老師的秘傳，女的被稱爲明妃，也得施以訓練。……此種男女交合的秘術，早在佛教僧侶中秘密傳授。本來，性欲與生俱來，爲一般人極平常的事實。然自古以來，即有神秘崇拜的，與神教相結合。……七世紀後，才慢慢的後來居上，冠冕堂皇的自以爲佛教的最高的法門。」（正聞出版社（新竹），二〇〇〇年十月，新版一刷，頁三〇九－三一一。）

8 釋聖嚴著，《印度佛教史》第十二章〈從密教盛行到近代佛教〉，法鼓文化（台北），一九九九年十二月，二版一刷，頁二九四－三〇〇。

9 劉貴傑著，《佛學與人生》，五南圖書（台北），一九九九年八月，初版，頁三八－三九。又，佐佐木教悟等著，釋達和譯《印度佛教史概說》，佛光（高雄），一九九〇年三版云：「七世紀末，奧立沙地方的三婆羅國（Sambhala）國王因陀羅浦諦（Indrabhuti，西元六八七－七一七？）組織了金剛乘（Vajrayana）。……其修行法將瑜伽和性樂連結，將眞言中的智慧喻爲女性，因其性靜；將方便喻爲男性，因其性動，而以瑜伽方式呈現男女交會。這實是印度教怛特羅的濕婆與性力（sakti）的關係，只不過將其化爲佛教的智慧和方便而已。由此智慧與方便（男女交會）所得之究極境地的涅槃，則爲兩者的混合而不可分別，故名之爲般若方便（prajnopaya），此境地稱爲大樂（mahasukha）或菩賢（samantabhadra）。金剛乘的瑜伽全與性行爲一致，明顯異於眞言乘，因此被稱爲左道密教，有人視之爲墮落的佛教。」（佛光〔高雄〕，一九九八年十一月，三版，頁一一六。）http://sattva-pudgala.blogspot.tw/2012/05/c13.html

10 中國民族宗教網：http://longquanzs.org/articledetail.php?id=23999

11 南華大學宗教學研究所碩士，二〇〇三年。

12 節錄自：杜永彬著，〈藏傳佛教的世俗化傾向——兼論西藏民主改革對藏傳佛教的影響〉，《中國藏學》第三期，一九九九年一月。
http://zt.tibet.cn/zongjiao/zongj2002418102045.htm

13 宗喀巴大士著，法尊法師譯，《密宗道次第廣論》卷六，妙吉祥（台北），一九八六年六月，初版，頁一五二。

14 如印順《華雨集》第三冊說：「『秘密大乘』是佛法的天（神）化；理論（如如來藏、我、自性清淨心）與修法（如秘密傳授，持咒，手印，護摩等），都與印度教相類似；印度教有性力派 Śakti，密乘修男女和合的秘法，公開流行，在當時的環境裏，也不算奇突了。」（正聞出版社（台北），一九九三年四月，初版，頁二一五－二一六。）

15 參閱：廉湘民，〈清以來中央政府管理藏傳佛教活佛轉世主要法規比較研究〉，第三屆兩岸西藏學研討會論文集二〇一〇年八月一日。http://tibet.tku.edu.tw/article-detail.asp?parent=20

第二章、西藏「活佛轉世」制度的歷史與特徵

（一）、活佛轉世的起源與根據

西藏傳統文獻對活佛轉世的記載，多爲各別教派傳承史之敘述，在理論根據上較少系統而可信的論證，因此本文以近現代學者的研究論文爲主。孫林云：

> 活佛轉世產生的因由，現在仍然在討論和探索中，一般認爲這其中既有複雜的社會歷史背景和特別的政治環境等外部因素，又有藏傳佛教自身的宗教因素。[1]

世間一切現象的發生，確實都有複雜的因素，雖可經由結構的分析與歷史的推論而得其大略，但眞相與實義，卻涉及十方三世的因緣，除了佛之外，餘人難可盡知。此處分爲外與內，互相促成，但何者爲主、何爲從？也就是根本動機（因）與方便施設（緣）、成就狀態（果）的細節，這三者的內容決定了事件的性質；活佛轉世的起源其實是政治爲本、宗教爲末的。尕藏加云：

> （活佛轉世）是藏傳佛教文化的重要特色之一。……一一九三年藏傳佛教噶瑪噶舉派的創始人都松欽巴臨終前口囑他要轉世，因而開創了藏傳佛教史上活佛轉世之先河。之後，活佛轉世這一新生事物相繼被各教派所普遍採納，並在長期

發展過程中，逐步形成了對於活佛轉世靈童的卜卦、尋找、認定、教育、供養，以及信奉等一整套制度。……總之，活佛轉世是藏傳佛教在佛教界、乃至世界宗教領域中的一大創舉，也是世人所矚目的一種特異的宗教文化現象。[2]

這段話是綜合前人的觀點而成的密宗標準說法，概括了「活佛轉世」的理論根據、宗教功能、文化特色，及人事緣起、制度發展，似乎持之有故而言之成理；但是，問題並不如此簡單，例如關於這個制度的起源，部分學者有不同意見，（美）魏里認為，黑帽系活佛的傳記中，第一世及第二世僅提到繼承者是他未來的化身，第三世攘迥多吉才明說「未來的轉世」及轉世的預言。陳慶英則認為始於第一世的都松欽巴轉世為噶瑪拔希，但事實上都松欽巴並未留下任何轉世的預言，而是其弟子崩紮巴一廂情願的認定，且未明說噶瑪拔希是都松欽巴的轉世，且噶瑪拔希出生時，都松欽巴已去世約十年。[3]

在此之前的吐蕃王朝，已有穿鑿附會的轉世說，類似古時的「君權神授」，執政者常自稱是天神在人間的代理者，以支持其政權的合理性，號令人民敬畏其君主、鞏固其統治。然而，吐蕃王朝的神權說，卻直接讓贊普成為佛菩薩的化身：

在七世紀吐蕃王朝時期，把統治階級的首領假托為一些佛的化身。……稱拉脫脫日為普賢菩薩的化身。松贊干布被說成是觀音菩薩的化身，赤松德贊被說成是文殊菩薩的化身，赤祖德贊被說成是金剛手的化身。甚至信佛的贊普之后妃也被說成來歷不凡，是佛母或度母的化身。4

從這裡可看到，西藏的活佛轉世是經過演化的，類似的傳說在苯教盛行的時期就存在了，先是天神下凡成爲贊普，而在「佛教」傳入後，改變成是佛菩薩的化身；此時的化身說尚未成爲代代相傳的轉世制度，因爲「王權」的傳承還是以家族爲主，無須向外尋找靈童。

藏傳「佛教」的傳法制度，實際上是「教權」的傳遞，其方式大致有三種：師徒傳承、父子（家族）傳承、活佛轉世。這其中，師徒傳承較易爲一般人所理解與接受；家族傳承則因某些教派的上師是娶妻生子，所以父死子繼，權不旁落。如寧瑪派的部分支派爲父子、兄弟傳承，但目前較著名的活佛，如貝諾、頂果、敦珠等皆改採活佛轉世。薩迦派曾有師徒相傳，但主要是家族傳承，並未採用活佛轉世。噶舉派勢力最大的噶瑪巴之黑帽系是轉世制度的創始者；紅帽系也仿效，但於清乾隆時被廢止（案：在佛法上有修行的大成就者是否轉世，竟須未證佛法的世間凡夫或皇帝允許或禁止，很弔詭）。後起的格魯派則從第三世達賴喇嘛索南嘉措（一五四三—一五八八）之後，完全採用活佛轉世，並稱臣依附於中國政權取得承認而後來居上，逐步發展、完備爲一種典型與定制，藉此掌握了藏區大部分的政權與教權（寺院與財產），成爲新興的神王系統，影響及於整個蒙、藏，歷時數百年之久。

由上所述可知，活佛轉世雖不是唯一的傳承方式，卻是主要的。那麼，是什麼原因與背景使噶瑪拔希（一二〇四－一二八三）啓用了「活佛轉世」的構想？主因是藏傳「佛教」後弘期，吐蕃王朝瓦解，各地割據勢力並起；而大批譯師赴印學法，新譯教派陸續興起。爲了各自的生存與發展，教派領袖必須與地方勢力結合，如王俊中說：

> 在政權分裂的時代，宗教教派和地方政權就好比唇齒相依的關係，日本學者矢崎正見即言：「各地方豪族和土地領主在其相互的爭端中，都竭力想利用各教派及大寺院宗教性的權威；同時各教派也普遍以地方豪族的武力爲後盾，以作爲擴大宗教權力的手段。」[5]

此外，當時是蒙古最強盛的時代，各教派紛紛向蒙古人傳教，試著與蒙古政權建立「供施關係」，王俊中說：

> 在藏人著作中，向外傳教被視爲是建立「供施關係」（mchod-gnas-yon-bdag）的活動，此種關係將教政兩方區分爲「上師」和「施主」兩種身份，以傳教至蒙古爲例，西藏上師提供蒙古檀越以宗教和精神方面的指導，另一方面，蒙古檀越則用物資供養和建築寺院以爲佈施。[6]

然而這種關係並不是無往不利的，若所依靠的「政權」衰落了，其「教權」就成爲相對教派打擊的目標，噶瑪拔希即曾押錯寶，而讓教派陷於危機[7]，直到攘迴多吉才漸興盛。在這種狀況下，噶瑪拔希必察覺，師徒或家族的傳承方式，雖可將領袖的地位傳遞下去，卻沒辦法同時將個人的威望與魅力轉給繼任者，諾布旺丹云：

每個宗派都希望將自己的教義發揚光大，取得更多民眾的崇信，然而，事實上，師徒傳承只能做到其教義綿綿相續，而上師的威望則無法傳給弟子。這在很大程度上影響了其教義的進一步弘揚。[8]

爲了解決這樣的困境，活佛轉世是一個極其巧妙的人爲設計，而後來居上、後出轉精的仿效與完成者「格魯派」，採用這種方式的背景也類似：

格魯派深感自己缺少有威望、有號召力的傑出領袖來鞏固、發展自己，反抗異派的迫害，削弱對方的力量。於是它仿效噶瑪派的做法建立活佛轉世傳承法。噶瑪噶舉黑帽派創立活佛轉世制三四三年之後的一五四六年格魯派才第一次把年僅三歲的索南嘉措認定爲宗喀巴的再傳弟子根敦嘉措的轉世活佛。之後又追認宗喀巴的弟子根敦珠巴爲一世達賴。[9]

三世達賴致力於蒙古傳教，結交貴族，爲格魯派的發展，打下深厚的基礎；但索南嘉措於一五八七年暴斃，爲了不令與蒙古貴族友好的關係中斷，經由蒙藏雙方協商而決定了四世達賴的認定：

在這緊急的時刻，格魯派上層僧侶和碩特部王公商議，決定將一五八九年出生的阿勒坦汗曾孫確認爲索南嘉措的轉世，是爲四世達賴……。這是達賴喇嘛唯一的一次降生在蒙古部族，可說是蒙藏領袖以人爲方式使雙方關係不致中斷的一種手段。有了蒙古王公的子孫爲教派繼承人，格魯派乃愈益受到蒙古部落的支持。[10]

另外，爲了提高轉世活佛的地位，總是往前追認該教派中最有名望者，如噶瑪噶舉以都松欽巴爲第一世；格魯派以根敦朱巴爲達賴第一世、克主傑爲班禪第一世，根敦朱巴與克主傑皆爲宗喀巴的親傳弟子，有宗派傳承的正統性。

綜上所述，活佛轉世的起源與盛行，乃由於西藏後弘期的教派割據及地方政權、外來勢力之間的競爭，採行活佛轉世的主要考慮，在於轉移前任者所建立的威望，及所拓展的政治、外交關係，以維持其教派的影響力，確保並擴大在宗教、政治、經濟三位一體的地位與利益。由於噶瑪噶舉派實踐的成功，其他教派陸續跟進，乃至於「有寺就有（活）佛」的浮濫，其弊害極其嚴重。目前西藏大部分寺院幾乎都有活佛轉世，小寺院可能一位，大寺院則有許多位，諾布旺丹云：

> 有記載說：「二十世紀初是活佛發展的鼎盛時期，當時全藏區共有活佛一萬多名。」據《班禪大師》一書所載，僅西藏自治區境內「解放初到民主改革時，大約有三千多到四千位活佛」[11]

活佛轉世的傳承方式一旦發端，各地寺院的大小活佛如雨後春筍，不擇地而出；且此起彼落、前仆後繼地綿延了數百年，全面性改變了西藏政治與宗教的文化景觀。這些大小活佛就是蒙、藏境內各層級的政教領袖，其身分等級，高低分明，構成一個完整的統治體系：

西藏及其他藏區和平解放前，活佛內部具有森嚴的等級及其等級制度。活佛在藏傳佛教內部的等級無法改變其高低，如教主活佛永遠是教主活佛，寺主活佛永遠是寺主活佛，措欽活佛永遠是措欽活佛，普通活佛永遠是普通活佛。藏傳佛教在發展中逐漸形成了活佛的身份和等級的高低，且是不能更改的。[12]

溯源藏傳「活佛轉世」制度的歷史，可發現這原本是為了維繫各自教派的勢力，而形成的教派「領袖繼承」方式；在西藏確立「政教合一」的體制之後，活佛更擴大為政治、經濟、宗教的領導人，至於「化身」與「轉世」等理論，只是一種世俗權位「合法性、神聖性」的修辭而已。

(二)、轉世活佛的尋訪與認證

藏傳活佛轉世過程，一般分為三個步驟：死前預示、靈童的尋訪及認證。想轉世（自願或被請求）的活佛，臨死之前可預告下一世的出生狀況，以便其徒眾依循查訪，其預告的方式，如「口諭、遺囑、夢示、詩詞」等；其次是經由降神、觀湖及占卜等指示，確定「靈童」降生的方位與地點，然後組隊（分頭）前往尋找，從數（十、百）位候選人中，挑選最合乎（所要）條件的靈童，給予公開的認證。

三大步驟中，轉世的預告是這一世連結，靈童的認證是後一世，兩世的連結則是尋訪、認證的過程。這顯示了活佛轉世與凡夫輪迴的不同，後者是隨業流轉，不知來世轉生於何方，轉生之後也有隔陰之迷，不知前生的事；而活佛則不僅生前「預知」來世的去處，轉生也保有往世的記憶，因此貫串三（多）世，而不被胎昧所遮。以三世達賴爲例：

《夷俗記》記載（三世）達賴每指今松木台吉所居曰，此地數年後有佛出焉，後達賴喇嘛卒不到一年，在萬曆十六年（一五八八）松木之妻孕，生兒之後，此兒自言「我前達賴喇嘛也」。於是將前世達賴所乘之馬及經一冊，以及其他之物，讓幼童辨認，他將達賴所乘馬曰：「此我之馬也」，於諸物品中獨取念珠和經曰：「此我故物也」。松木之子即四世達賴雲丹嘉措。[13]

從三世（達賴）的預記，到四世的辨認，這完整的過程，暗示了活佛能自在轉生，死前預知，生後記憶，前後（意識）相續，以此證明後世確從前世轉來，這就爲下一代「接班人」之政、教地位，提供了一貫傳承的神聖性與正當性。但是，從本文第四章的考察，可證明西藏活佛並不具備預知時至且遠離胎昧的能力。

活佛臨終，多半要預告「**轉世**」的線索，如：噶瑪拔希死前吩咐弟子鄔堅巴：「**拉朵方面，必出一位繼承黑帽系者，乃至彼未來以前，汝當代理一切。**」並將金絲黑帽托給鄔堅巴；鄔堅巴根據這個指示在後藏貢塘找到了轉世靈童攘迥多吉。然而，活佛的遺言，每多含糊，須輔以其他儀式以確認尋找的方向：1、**「垂仲」降神**：即由垂仲（護法神）附身於靈媒而說出尋找靈童的方向。2、**觀察神湖**：西藏塔布加查宗的「**拉莫拉措湖**」被認爲是神湖；喇嘛常到湖邊作法祈禱，觀察神湖映現的倒影而推知神諭。3、**占卜**：原始宗教慣用占卜請諭，藏密活佛的轉世訪查，占卜是最普遍的方法[14]。

上述三種方法，常同時或先後並用，因爲預言、降神、觀湖、占卜，所得的訊息幾乎都含糊其詞，須依當權喇嘛之解釋而定。這整個漫長而複雜的過程，有太多裝神弄鬼、捕風捉影的人爲操作，且最後的結果也未必盡如人意。從常理而言，一個佛教的大成就者，豈有必要藉由次級鬼神以指示其生處，並勞師動眾的大規模尋訪？

特遣隊依神諭而訪得（多位）靈童候選人之後，要進一步勘驗其與生俱來的條件，乃能確認其前世的身分。認證的方式約有幾種：1、**宿通**：是讓靈童辨認其「**前生**」使用的物、或認識的人，或自述往事、背誦經典等，以此確認該靈童是否某活佛的轉世，這是最主要的認證方式，也是每位靈童必經之考驗。2、**抓鬮**：

若分別訪得多位合格的靈童，則以抓鬮決定。3、**降神**：藏傳佛教「**求神問卜**」的運用很普及，格魯派五世達賴又特重降神的旨意，凡事多請神決斷，轉世靈童的最後認證，也須降神確定。4、**當權私定**：西藏政教合一之後，活佛掌握一切權柄，因此，政治力介入靈童的選定。[15] 5、**僧俗協商**：如格魯派上層僧侶及蒙古碩特王公商議，指認一五八九年出生的阿勒坦汗曾孫為轉世靈童，也就是後來的四世達賴，這是達賴喇嘛僅有的一次在蒙古降生。[16] 6、**金瓶掣籤（簽）**：乾隆五十八年（一七九三年）清政府平定廓爾喀入侵西藏之後，所頒布的〈欽定藏內善後章程二十九條〉，第一條即是金瓶掣**籤**（簽）的辦法。[17] 此制從清朝沿用至今，中國也於二〇〇七年頒布〈藏傳佛教活佛轉世管理辦法〉，其第八條是關於掣**籤**（簽）的規定。[18]

以上幾種方法，常混合使用，可看出其人為操作的過程，尤其是政治力的介入，這樣產生的轉世活佛，不可能有合乎佛法的福德與證量。

（三）、藏傳活佛的歷史與現狀

藏傳活佛可分數個等級，從掌握政治權力的格魯派四大喇嘛〔案：即達賴（前藏）、班禪（後藏）、章嘉（內蒙）、哲布尊丹巴（外蒙）〕，到一般寺院的小活佛，其在蒙藏地區的地位，可從兩方面討論：

1、**政教合一**：藏地從吐蕃王朝就有政教結合的傾向，「苯教」與「佛教」在政治結構中，互爭權勢、互爲消長；然而，掌權者是被神化的世俗君王。朗達瑪死後，長期的割據戰亂，地方勢力與密教派系興起，爲了共同利益而結合，逐漸發展爲「政教合一」的制度，此制度確立於格魯派主政的七世達賴，清廷在西藏設立「噶廈」政府，授與達賴喇嘛管理藏地政務。也有部分學者認爲五世達賴已有政教合一的實質，但是，西藏的文史記載，雖然五世達賴對藏區的政治有重大影響，但清政府只冊封他「領天下釋教」的宗教頭銜，而蒙古固始汗「作朕屏輔」才是管理西藏的政軍首領。[19] 然而固始汗去世之後，和碩特部陷入政治鬥爭，無暇顧及西藏[20]，原先由固始汗任命「第巴」的權力，遂爲五世達賴所奪，西藏大小事皆由達賴批准乃得成辦。因此，政教合一在五世達賴便已完成，只未得滿清官方認可而已。

2、**社會地位**：西藏活佛大都出身貴族，與地方勢力之關係緊密。較大的寺院坐擁大片（貴族供養或皇帝賜予的）土地、牲畜、財產及屬民，當權者給予活佛極大的特權。政教合一之後，活佛更直接壟斷西藏的教政大權，是「披著袈裟的領主」，有崇高的威信，成了以神權控制政權的統治者。[21]

表面上，喇嘛階級對西藏的醫學、天文、曆算、繪畫、雕塑、音樂、建築、語言、翻譯、文學各方面，有所貢獻〔案：這裡面有許多是作爲宣揚西藏密宗之用，特別是無上瑜伽，所以是否能稱爲貢獻，不無疑義，但這不屬本文討論的範圍），事實上是一般平民的教育管道被壟斷。密宗寺院成爲西藏的文化中心，也方便了上層喇嘛的掌握政權。可以說，活佛階級在西藏是享盡特權、獨攬大權，唯中國政府能節制之。然而，中國朝廷也是主要的授權者——漢藏高層的關係不論是舅甥、貢賜、宗藩、供施或隸屬[22]，都不離乎互相利用，各取所需（美其名曰：共生、依賴、融合），而廣大的藏民百姓則是雙方（高層）利益交換之下的實際受害者。

始自忽必烈奉薩迦八思巴爲師，受其灌頂傳法；元朝創建後，各代皇帝皆奉薩迦派喇嘛爲帝師，擁有統治西藏十三萬戶的權力。隨後，噶瑪噶舉黑帽系三世活佛攘迥多吉，也爲元朝帝師，逐漸壯大。第五世得銀協巴，受明成祖冊封爲「**大寶法王**」，成爲西藏最有力的教派，直到被格魯派取代。元明兩朝的西藏政策，以懷柔及政教分離爲原則，而元朝獨厚薩迦派，明朝則改採「**多封衆建**」，先後冊立三大法王及五個王。（案：三大法王以「噶瑪噶舉」派大寶法王爲尊，其次爲「薩迦」派大乘法王，再其次爲「格魯」派大慈法王，五王則爲贊善王、護教王、闡化王、闡教王、輔教王。）

清初，無暇顧及西藏，仍予懷柔；平定三藩及準噶爾之亂後，加緊對西藏的控制。起初，是借重「**格魯派**」達賴喇嘛的聲望以調和蒙藏諸部的糾紛。[23]而後來，彼此的關係有了裂痕：蒙古準噶爾首領第六子噶爾丹被送往甘丹寺學佛，是五世達賴的弟子，達賴喇嘛常在噶爾丹面前感慨「**西方回紇**」不奉佛教，又以「**韋**

陀護法」之語挑激了噶爾丹的英雄氣概，成了格魯派向外傳教的開路先鋒。後來準噶爾內亂，噶爾丹回部重整舊部，擊敗叛亂者，掌握了準噶爾部政權，並大肆擴展，入侵喀爾喀蒙古諸部，與清廷爆發全面衝突。當時五世達賴已死，第巴桑結嘉措密不發喪，仍以五世達賴之名行權，立場傾向噶爾丹，令康熙不滿。平定準噶爾之後，康熙將喀爾喀蒙古收歸版圖，封賜哲布尊丹巴一世和章嘉呼圖克圖二世為清廷在外蒙與內蒙的代理人，削弱達賴喇嘛的影響力。後來乾隆擊退廓爾喀入侵西藏後，並制定〈欽定藏內善後章程二十九條〉，完全地控制了西藏。

近代、現代以來，西藏活佛的人格與生活越來越世俗化，其傳統包裝的神聖性也越減損；其「轉世」也無異乎一般人的隨業受生，不得自主。因此，活佛轉世的「制度」化，從始至終是上層喇嘛與貴族為了教權與政權之私的內部繼承，是世間名利的貪執無饜；相對於藏區廣大民眾，不僅毫無實質之利益，甚至是窮苦剝削的根源。

各教派、各寺院之間，為了確保其「權位」的傳承，不至於中衰、旁落，乃至被外人擊垮或併吞，而虛構出比「父子」接續、「師徒」相傳更自閉、更獨裁的方式，從一世、二世到十世、百世……都是同一個人（靈魂）的轉世，永無中斷的獨占、享有「名下」的權勢與財產，對所屬的土地與民眾，搜刮聚斂，何曾有一絲一毫的悲憫與施捨？全然不是菩薩的轉世；在黑暗的神權時代，這類凡夫的貪慾與殘忍是被曲解的佛法所粉飾而美化的，當權者以「佛菩薩」的身分自欺欺人而君臨天下，老百姓則被「宿命論」所愚弄而甘受奴役。

而今，時代不同了，解放以後喇嘛們的政權、神權瓦解，西藏的大量基礎建設、經濟發展、教育普及，導致半世紀以來新文化的輸入，造成西藏一系列的開放與改革，打破了傳統的格局，吹散了達賴集團愚民式宗教的迷霧，許多位高權重的喇嘛出走海外，留在國內的「活佛」階層在世局流變下重整、適應，而有了新的面貌。嘎·達哇才仁在藏區調查的結果，反應了這個現象，大部分的活佛幾乎被安插在政府職位中[24]，參與政治。此外，也從事各項世俗職業，經商、任教、行醫……等，並結婚生子，過著俗人的家庭生活[25]。這些變化也造成藏人對活佛信仰的鬆動，據嘎·達哇才仁對「活佛是佛，不應該結婚」這問題的調查，百分之五十一點九六肯定，百分之十點三不贊同。而「未婚活佛比已婚活佛更神聖」的問題，百分之六十三點三肯定，約兩成不清楚，一成不贊同。另外，一些活佛的奢侈也讓信徒失望：

在西藏及其他藏區，已出現活佛用信徒佈施的錢來蓋住宅的現象，甚至還出現了一些活佛在許多方面進行相互攀比的現象，信徒對此感到既矛盾又茫然，既不想傷害對活佛的信仰感情，又不希望看到活佛越來越追求奢侈的生活方式。[26]

走向世俗的活佛，與一般人沒差別，熱衷於名利——其實，大部分學者早就發現了這個事實，或許出於尊重，並未對「活佛是否符合於佛法」的問題多所著墨，而將重心放在歷史及政教合一的議題上：

> 研究活佛轉世的專家與學者常常對活佛轉世理論輕描淡寫，但對活佛轉世產生的歷史背景則分析得相對透徹。他們把藏族教派政教格局作爲歷史發展的基點，以圍繞著教派政教鬥爭作爲轉世分析的歷史線索，從而解釋活佛轉世制度產生的歷史原因和政治動機。[27]

由上可知，活佛轉世主要是爲了宗教權位與政治勢力的領導人繼承，是一種世俗心所施設的世俗法，從來與佛法的修行無關，這已是多數學者的公認。

二十世紀七〇年代以後，藏傳「佛教」隨著大批流亡喇嘛的遊走西方，而在世界各地流行，傳播的速度越來越快，信仰的洋人也越來越多，甚至出現了幾位「洋活佛」，也有台灣活佛，其轉世傳承也逐漸固定下來。洋僧侶成批地走進密宗寺院；各式寺院、坐禪中心、研究機構，也遍布各地；國外的研究成果已頗豐碩，歐美成了藏傳佛教第三次弘法的嶄新地區。[28] 也就在這些時候，因爲「雙身修法」而傳出許多喇嘛性侵案，被國內外媒體競相報導；僅在台灣，就有多起，如：二〇〇六年林喇仁波切性侵多名女信徒，並強迫女信徒吞食其精液，聲稱可得到最高加持。[29] 二〇〇七年敦都仁波切以「雙修」爲名，不只對女信徒性侵未遂，甚至還亂搞男女關係，有多名女子受害。[30] 二〇〇八年貝瑪仁波切與有夫之婦於道場發生關係，遭婦人丈夫當場舉發。[31] 二〇一一年聖輪法師（曾在悟明長老門下出家，後來在薩迦派法王門下出家成爲仁波切），因多年性侵及性騷擾多位女信徒，一審被判刑十五年。[32]……

又因爲接觸了現代社會的流行文化，神聖崇高的「活佛」更加世俗化，美其名爲「另類活佛」[33]，如盛噶仁波切，曾出書自述行跡，掀起一陣風潮，書中如此標榜：

「我是佛法的推銷員，我必須好好裝扮自己，才能推銷我的產品！」脫下袈裟，他喜歡時尚的打扮，樂於接觸各種新鮮有趣的事物：穿名牌、開跑車、玩樂器、上健身房，甚至透過MSN與朋友聊天。……他十六歲才戲劇性地成爲「轉世靈童」，也使他經歷了一般活佛、喇嘛所不曾有過的生活體驗。[34]

另一位服飾男模的格傑仁波切：

當今世界全球化，媒體娛樂事業極爲發達，爲宣傳佛法，具有新觀念的他，決定運用一些「方便法門」，讓大眾更能有機會接觸。……「把時尚與佛法連接，並傳達給每個時尚人，讓他們都能有機會去聆聽佛法、佛號，相信對人心會有幫助，引發人心善的部分。」[35]

類似這樣的行徑，雖可自視爲入世度眾、與時俱進的權巧方便，然而，也有人不以爲然：

> 一些頂著「活佛」甚至「法王」光環的轉世喇嘛和僧侶，如今的商業大潮所帶來的物欲橫流，也使得一些活佛和僧人備受誘惑，把活佛這個名號當作生財之道，把化緣這一佛事變得非常庸俗化！其言說，其作爲，並不如法！[36]

乃至活佛的老師也出面評論：

> 印度的直貢法王蔣貢仁波切日前發函各國，要求當地佛教團體設法阻止他的弟子，即「時尚活佛」盛噶仁波切在海外的活動……「他得立即回到西藏的寺院裡，給我好好學習，履行他的修習功課。」並批評盛噶仁波切「偏向歪斜的作風不如法」，在臺灣出書目的是「爲了金錢利益」。[37]

很明顯的，這兩位「**活佛**」的觀念與行爲，是百分百世俗法的凡夫，卻被西藏的喇嘛教以附佛的方式神化爲活佛，他們心中所思所愛的是世間（歐美）的物質享樂與流行文化，卻被「**假佛教**」的身分所制約，不得不扭曲佛法（案：《雜譬喻經》卷一：「**道俗相反，自然之數；道之所樂，俗之所惡；俗之所珍，道之所賤。**」（《大正藏》冊四，頁五〇一，中二一－二二。）佛法背俗，不迷執於世人所貪愛的五陰六識之境界。）以粉飾其貪慾，迎合了當代年輕人的習尚，於是乎被捧爲偶像而崇拜之。似這樣趨俗、媚世，自降格調以討好信眾的心行，即呈現了身爲「**活佛**」卻於佛法眞實義不知不證的困境。傳統的活佛，因爲密宗基本教義的謬誤而犯戒謗佛，是典型的「**外道**」；

當代的活佛，又因世間五欲的習染而離經叛道，成了一般的「凡夫」；從古至今的活佛事跡，活佛的法脈傳承，始終與正統佛法的聞、思、修沾不上邊，實證也就別提了。

在西藏，活佛的地位，也因普遍的世俗化而降低，如嘎．達哇才仁在藏區所作的調查顯示，社會上各類腐敗的現象，也影響了活佛的生活，例如「現在的活佛，拿信徒的錢來蓋私房」，且相互攀比，越蓋越漂亮，已成時髦[38]。至於撈不到名聲與錢財的行乞喇嘛們，於西藏知識分子心中則視如乞丐。由此可知「活佛」在本質上與俗人無異，因為塑造他們「形象、地位」的文化與宗教，本來就是附佛造神的世俗法，並無佛法實證上的本質；在古代有政治權勢為依靠，還能高自標置、神祕其德，令民眾望而生敬（畏）；解放之後，政教分離，經濟繁榮，教育普及而民智提高，活佛們漸失其光環與其寶座，為了謀生或享受，甚至淪落到以此虛銜來斂財、騙色，這豈是佛法中的菩薩？

1 孫林著，〈藏傳佛教的本地化及其早期特點〉，西藏大學學報二十三卷第一期，二〇〇八年三月，頁六六。

2 尕藏加（KalSang Gyal）著，《西藏佛教神秘文化——密宗》〈緒論•三、活佛轉世〉，西藏人民，二〇〇六年四月，頁一五—一六。

3 陳慶英、陳立健著，《活佛轉世及其歷史定制》，中國藏學，二〇一〇年一月，一版一刷，頁一〇—一一。書中只提到噶瑪拔希是「由空行加持的人」。

4 蔡志純、黃顥，《藏傳佛教中的活佛轉世》，華文（北京）二〇〇七年一月，初版二刷，頁一〇。

5 王俊中著，《五世達賴教政權力的崛起》，新文豐（台北），二〇〇一年十一月，初版，頁一二。

6 同上註，頁五—六。

7 卡里斯瑪，謂宗教精神領袖、先知、宗教創立者也。是乃眞得其道者，是人類命運之解救者。如佛陀、耶穌等如是。舒勉、陳昌文著，〈藏族牧區穩定與發展中的權威分析〉：「卡里斯瑪的權威指的是一種個人魅力，即被認爲是超自然的或者超人的，或者是特別非凡的，任何其他人不可企及的力量或者素質，因此也被視爲領袖。建立在非凡的、獻身於一個人以及由他所默示和創立的制度上的神聖性，或者英雄氣概，或者楷模樣板之上的魅力型統治，稱爲卡里斯瑪的統治。藏傳佛教從最初始引入藏區起，首先是一種卡里斯瑪的權威。而後逐漸成爲一種傳統型權威『……建立在遺傳下來的（歷來就存在的）制度和統治權力的神聖基礎上，對它的服從，是由於傳統賦予它們的固有尊嚴』。而在藏族牧區，宗教權威正是這樣的一種傳統權威。」（西藏研究二〇〇三年第三期，頁一〇九。）

http://www.mzb.com.cn/html/report/102619-2.htm

這段話說明了從松贊干布之流的「神王」到噶瑪拔希之類的「教主」，都是「卡里斯瑪型」的個人魅力，是不可能傳遞在另一個繼任者身上；而活佛轉世的制度化，將這個問題成功的轉移爲「傳統型」權威。然而，西藏傳統型（制度）權威，卻是與卡里斯瑪（個人）魅力並行同在，因爲，理論上活佛（教主）的多次轉世，都是同一人，理所當然的繼承了第一代個人的全部精神威望。所以，「轉世」制度下的每一位（世）活佛，同時又成了偶像崇拜的個體。

8 嘎・達哇才仁主編，《藏傳佛教活佛轉世制度研究論文集》，諾布旺丹〈活佛轉世思想考述〉，中國藏學（北京），二〇〇七年九月，初版一刷，頁四四九。

9 同上註，巴桑羅布著，〈活佛轉世傳承的文化內涵〉，頁三七。

10 王俊中著，《五世達賴教政權力的崛起》，新文豐（台北），二〇〇一年十一月，初版，頁六八－六九。

11 諾布旺丹，《藏傳佛教活佛轉世：生命之輪》，大千出版社（台北），二〇〇二年八月，初版，頁五六。

12 嘎・達哇才仁著，《當代藏傳佛教活佛：信徒認同和社會影響》，中國藏學（北京），二〇一〇年七月，初版一刷，頁九七。

13 蔡志純、黃顥著，《藏傳佛教中的活佛轉世》，華文（北京），二〇〇七年一月，初版二刷，頁二五。

14 同上註，頁一三－二三。

15 以上1、2、3項，請參考《藏傳佛教中的活佛轉世》，頁二五－四一。

16 參見王俊中著，《五世達賴教政權力的崛起》，新文豐（台北），二〇〇一年十一月，初版，頁六八－六九。

17 漢文版已佚失，此文爲自藏文翻譯的版本，參考蔡志純、黃顥著，《藏傳佛教中的活佛轉世》，頁一六三。

18 中共國家宗教事務局令第五號。

19 參見 蔡志純、黃顥著，《藏傳佛教中的活佛轉世》，頁七一。

20 王俊中，《五世達賴教政權力的崛起》：「顧實汗死後，青海和碩特因牧地之爭，遲遲無法召開傳統的「丘爾幹」會議，舉行新汗的推舉。一直到一六六〇年顧實汗之子達延接受「丹津達延杰布」的名號，回到西藏統治，此時在西藏已有近六年沒有蒙古領袖掌權。」（新文豐（台北），二〇〇一年十一月，初版，頁二九六。）

21 參見 蔡志純、黃顥著，《藏傳佛教中的活佛轉世》，頁七五－七六。又頁七六記錄了活佛的財富，以達賴喇嘛爲例：「清乾隆二年（一七三七）理藩院冊籍載達賴喇嘛所管寺廟三千一百五十餘所，百姓十二萬多戶……順治九年（一六五二）五世達賴阿旺羅桑嘉措（一六一七—一六八二）到達京師，清朝政府對他進行了冊封，由戶部撥供養銀九萬兩，賞給黃金六百五十兩，銀一萬二千兩，還有大批禮品。後來康熙皇帝又規定從打箭爐稅收項下，每年撥給白銀五千兩給達賴作爲僧眾贍養。」此外，西藏活佛甚至能私設法庭，擁有私人武力：「在西藏和蒙古的法律都有保護活佛的條款，藏文《十三法》及《十六法》均將寺院堪布、格西、扎倉的喇嘛列入上等人的等級中，其命價在四百至三百兩黃金之間。根據宗教的信條，在法律上規定『安分守己』，『貧不能侵富，下不能犯上』，活佛利用法律條文來維護宗教的利益。有的寺廟的活佛還利用宗教特權，設法庭、監獄、刑具等專政手段，有的還擁有僧兵武裝力量（僧兵稱『多多喇嘛』）」。頁八八—八九則云：「西藏解放前有大小寺廟二千七百餘座，佔有耕地一百八十萬克（畝），佔西藏耕地的百分之三十九，佔有農奴十餘萬人。西藏最大的寺廟，拉薩西郊的哲蚌寺，有莊園一百八十五個、牧場三百餘處，農牧民有兩萬餘人。在甘孜地區的七大寺（大金、甘孜、理塘、靈雀、壽靈、惠遠、日庫）佔有土地二萬一千畝。青海塔爾寺佔有土地十萬畝。蒙古地區有七個喇嘛旗，佔有大量的牧場、牲畜、屬民。」

22 參見 張云著，〈舅甥關係、貢賜關係、宗藩關係及「供施關係」——歷代中原王朝與西藏地方關係的形態與實質〉，中國邊疆史地研究二〇〇七年一期，頁六—一八。

23 參見 王俊中著，《五世達賴教政權力的崛起》，新文豐（台北），二〇〇一年十一月，初版，頁二九八—三〇三。

24 嘎・達哇才仁著，《當代藏傳佛教活佛：信徒認同和社會影響》，頁一三二—一三三：「青海地區百分之九十的藏傳佛教活佛被安置在各級佛教協會中，而『百分之八十左右的藏傳佛教佛被安置在人大和政協兩部門中』，同樣，甘肅甘南藏族自治州『百分之八十以上的藏傳佛教活佛被安置在人大和政協』（中略）以活佛爲主的宗教上層群體參政議政，可以說是目前西藏及其他藏區政治生活中最具特殊性和最有地方特點的現象。」（中國藏學（北京），二〇一〇年七月，初版一刷。）

25 同上註，頁二〇四：「當代活佛結婚已成爲較普遍的社會現象，尤其是生活在城鎮中的活佛，結婚已成爲他們無法迴避的現實問題。」

26 同上註，頁二一〇。

27 同上註，頁四九。

28 參見 智悲佛網，〈當代藏傳佛教在國外〉。http://www.zhibeifw.com/fgc/fjzx_list.php?id=1804

29 自由時報，〈**性侵女尼 林喇仁波切被訴**〉二〇〇六年七月十五日。http://www.libertytimes.com.tw/2007/new/jul/24/today-so7.htm

30 蘋果日報，二〇〇七年四月十九日。參見 朗色林官網轉載〈仁波切遭爆雙修性侵〉：http://www.lansirlin.org.tw/Lansirlin-new22/lan16/16-main10.htm

31 〈貝瑪千貝仁波切搭女信徒被夫抓姦在床〉請見 Youtube 影音報導 http://www.youtube.com/watch?feature=endscreen&NR=1&v=FJz_csuVRvU

32 〈性侵信徒逾十年，淫僧聖輪判十五年〉，自由電子報，二〇一二年十一月十日。http://www.libertytimes.com.tw/2012/new/nov/10/today-so1.htm

33 詳見〈另類活佛盛噶仁波切〉http://bbs.trends.com.cn/forum.php?mod=viewthread&tid=471751

34 盛噶仁波切，《我就是這樣的活佛》，平安文化（台北）二〇〇六年一月六日初版。參見 http://www.books.com.tw/exep/prod/booksfile.php?item=0010319312

35 詳見〈時尚活佛迭出，難道信仰是一種時尚嗎?-〉二〇〇七年六月三十日。http://woesermiddleway.typepad.co.uk/blog/2007/06/post.html

36 詳見〈還我西藏!·還我佛教!〉，二〇〇九年一月十三日。
http://tibet.woeser.com/?p=2024

37 詳見〈直貢蔣貢徹贊法王要求「時尚活佛」回寺〉，馬來西亞《星洲日報》，二〇〇八年一月七日。
http://world.tibetcul.com/xj/200801/10759.html

38 《藏傳佛教活佛轉世制度研究論文集》，〈當代藏族人的活佛觀〉，頁一五四。

第三章、西藏「活佛轉世」制度的理論與實質

由上一章的概述可知，藏傳「活佛轉世」制度，是西藏的特殊因緣下所成立的，在全球其他佛教流布區都沒有類似的現象，因此，要瞭解這個制度的本質，還須回到西藏獨特的政教歷史去探討，並辨明它與正統佛法有無直接或必然的關係。

（一）、活佛之定義

當代對「活佛」的實質，眾說紛紜，有說是佛的化身，有說是十地菩薩、或至少是初地菩薩；也有認爲證量高低不重要，重點是「救度眾生的悲願，依諸佛菩薩的加持」也能有轉世的能力。多數學者從「朱古」的詞義探討，認同「活佛」即是佛或菩薩的化身[1]；或者說，「活佛」是漢族對藏傳佛教領袖的俗稱，在藏文中有六種尊稱[2]，而「朱古（sprul-sku）」最能反映活佛的義理：一個正覺成就者圓寂之後，可有若干「化身」，並最終在人間找到了依託之物，即「轉世之活佛」。藏學界對活佛的定義，有同有異、有廣有狹，（日）山口瑞鳳云：

「活佛」一詞在藏語中是沒有的，它是根據稱之爲「化身」的「sprul-sku」（朱

> 古）一詞意譯的。……是梵文「nirmāṇakāya」的譯語，在《翻譯名義大集》中也有記載。儘管所謂佛身說有多種分法，但一般情況下，是從「法、報、應」之三身說中的「應身」發展而來的。[3]

多數學者持此看法，認爲「朱古」是佛或菩薩的「化身」（案：多數學者並不區分應身與化身的差別，化身與應身兩個名詞常混用），降邊嘉措云：

> 西方一些學者將活佛轉世稱之爲「不死的僧侶」。活佛，藏語稱作「朱比古」，意爲「轉世者」或「化身」。它的眞正含義是佛祖在人世間的化身。……這種被稱作「活佛」的僧侶，不同於一般的出家人。作爲個體，作爲一個個具體的人，他們的血肉之軀會消亡，會像普通人那樣死去，但是，他們的精神常在，他們的**靈魂**是不滅，他們會一代一代往下傳。一個活佛「示寂」之後，另一個「化身」又會降臨人世，繼承其事業。藏語稱作「央司」，意爲「新的化身」。[4]

既然是佛在人間的化身，且個體**靈魂**代代相傳（轉世），在語意上即等同於「**活著的佛**」。巴桑羅布云：

> 所謂活佛轉世，……通俗一點就是一個經過認眞修行成道的喇嘛死後，其**靈魂**入胎附體，通過特定的途徑與方式尋覓、確認的被稱爲活佛轉世靈童。該靈童在經過必要的訓練，成人以後，以前世的名號，繼位傳承前輩的遺業。而後如此循環往復，周而復始。[5]

〔案：此處所說「靈魂」，乃是民間信仰及其他外道所定義生命輪迴的主體，與「身體」的關係可即可離，死後再去投胎，仍是同一個，且永不消失；這其實是對中陰身的誤認，不是佛法正義，亦非生命的眞相。佛法說一切有情身中常住不滅、死時捨身的主體，乃是「去後來先作主公」的第八識，名爲阿賴耶識或異熟識，在般若系列的經典中又名爲眞如，可稱爲三界趣生的主體識。〕

自從明朝冊封噶舉派教主爲「西天大善自在佛」之後，又加上藏傳佛教「即身成佛」的理論誇大，可等同於佛〔案：在正統佛教中，未證言證而自稱成佛，是極嚴重的大妄語。然而，在西藏由於活佛轉世「制度」的確立與沿用，上層喇嘛爲了個人與集團的利益而不斷地自我說服，而對這樣的「稱謂」始而勉爲其難、久而坦然無愧地接受了。〕；幾百年來，政教合一（神權加上王權）的體制，透過附佛與造神的自我吹噓及社會教化，藏區民眾在信仰與認知上，很自然地接受並依賴這些「活著的佛」；而藏傳密教的神話性、權威性，更讓大部分藏民相信：印、藏有許多大喇嘛、瑜伽士已經成佛了：

在民間信教群眾中，我們又常聽到把活佛說成爲「桑傑（活著的佛）、嘉貢（救世主）、仁波切（寶貝）」等等，這些稱謂從字面上來講存在差異，但其內涵大同小異，都是「活著的佛」的意思。[6]

喇嘛們初到台灣傳弘時，亦多延續原有的認知而以活著的佛自居，以獲取恭敬供養。歷史上密宗「**大成就者**」及現實中「**活著的佛**」，形象具體而人數眾多，讓民眾於日常生活中有所怙恃，神聖而親切，逐漸取代了印度佛經中的諸佛菩薩。因此，西藏傳說中，蓮花生號稱 釋迦牟尼佛之後的「**第二佛**」，寧瑪派的龍欽寧體傳承中，吉美林巴閉關第一年，親見蓮花生（密教第一佛）；閉關第二年，親見龍欽巴（密教第二佛）；閉關第三年之後，與龍欽巴無二無別了[7]。這是宣示 釋迦牟尼佛之後，密宗已有蓮花生、龍欽巴、吉美林巴相繼成佛。而格魯派也認爲宗喀巴是「**第二佛**」[8]，雖然藏傳各派的說法互相重疊，卻顯示了他們自以爲密教的修證高於顯教，因此有許多人皆已成佛。但這是違背佛說的，佛經中 釋迦牟尼佛明確授記下一尊佛爲 彌勒尊佛，這是兩千多年來佛教界普遍的通識，如《中阿含經》卷十三：「**佛告諸比丘：未來久遠人壽八萬歲時，當有佛，名彌勒如來、無所著、等正覺、明行成，爲善逝、世間解、無上士、道法御、天人師，號佛、眾祐。**」

據達哇才仁的調查[9]，對「活佛是否等同於活著的佛」，藏民受訪者約有百分之六十認同，百分之十否定，另百分之三十不清楚或未作答；這是二〇〇二年的調查結果，在此之前數百年，贊同的人必然更多；何況藏族常用的尊稱「桑傑」，即是「活著的佛」[10]，所以這問題已不能用「漢藏語言文化不同，造成漢民族對活佛一詞的誤解」[11]來搪塞。不過現今藏傳部分教派的活佛世系，常宣稱是某佛或某大菩薩的化身，如宣稱格魯派的達賴喇嘛是 觀世音菩薩的化身，班禪額爾德

尼是 阿彌陀佛的化身，噶舉派的噶瑪巴是十方三世諸佛一切事業的化身，觀音菩薩的顯現[12]，其他的一些活佛世系則是宣稱爲過去的大成就者的轉世；某些擔任教派重要職務者，便可取得活佛的資格，如格魯派甘丹赤巴可成立自己的活佛世系。

除了亂用「佛」的尊號之外，藏傳佛教也常冒稱某些喇嘛爲「**法王**」，雖然他們辯稱這個稱號是由中國皇帝所封——西元一二八〇年八思巴死後，忽必烈賜號「**皇天之下、一人之上、宣文輔治、大聖至德、普覺眞智、佑國如意、大寶法王、西天佛子、大元帝師**」[13]。忽必烈奉八思巴爲師，曾兩度受其灌頂，不可說是皇帝不懂佛教而錯用名相，何況這些藏傳的「**法王**」從未對此有所辭謝或修正。「**法王**」的實質，至少應有十地以上的菩薩證量（案：《大乘本生心地觀經》卷一〈序品 第一〉：「**爾時，會中有一菩薩名師子吼，三僧企耶修行福智，於賢劫中次補佛處，受灌頂位作大法王。**」（《大正藏》冊三，頁二九四，中二二－二四）。），但多數時候是對佛的尊稱，如《增壹阿含經》卷十四：

世尊告曰：「我今正是王身，名曰法王。所以然者，我今問汝：『云何？』諸釋！言轉輪聖王七寶具足，千子勇猛；我今於三千大千剎土中，最尊、最上，無能及者，成就七覺意寶，無數千聲聞之子以爲營從。」

《大智度論》卷二十九也說：

「佛為法王，菩薩入法正位乃至十地故，悉名王子。」

由上述可知，藏傳「佛教」隨處暗示、明示他們比其他佛教（顯教、因乘、般若乘）更殊勝，以「**即身成佛**」之說，自讚毀他，迷惑人心。因此，活佛們或多或少以佛自居，籠罩他人，其背後的真相不離乎個人及教派的利益考量。

（二）、活佛轉世之理論基礎

接下來檢視藏傳「**活佛轉世**」的理論根據。周煒提出了六個影響該制度的重要觀念[14]：

A 藏族原始「**靈魂**」觀念

B 藏族史詩的「**化身**」及「**轉世**」觀念

C 佛經的「**化身**」理論

D 佛教的修行「**果位**」

E《中陰度亡經》、《中陰瑜伽》

F《往生奪舍法》

A與B是西藏傳統的苯教信仰，其影響層面甚廣，可說是「**活佛轉世**」的主要根據；但衡之以佛教，並無真實性，依然停留於神話、巫術（表象的觀察、粗糙的推測）的階段。

E與F乃轉世的操作方法，混雜了藏區苯教與印度密教的觀念及儀軌，充滿了想像與誤解，不符合佛法的實證。

C、D兩項雖取材於「佛教」義理，卻是曲解的套用、表相的包裝，而非佛法的眞實義。

藏傳佛教雖自認爲是「佛教」的一支，然其「活佛轉世」的理論基礎，卻偏向苯教與密教的外道（世俗）法，而眞實、究竟、了義的如來正法卻很少被正確的認知與實證——因此，藏區後弘期由教派及地主所發展的「轉世」策略及「活佛」身分，也始終不離「世俗」權位的貪愛與爭奪，透過「附佛」與「造神」的雙向裝飾，將此等異生凡夫的心行不如實的抬高，玄祕化、神聖化的結果，成了一種獨特而怪異的宗教現象、文化景觀。巴桑羅布也有類似的主張：

迄今爲止，對活佛轉世的理論根據和哲學思想缺乏必要的總結和概括。根據筆者愚見，活佛轉世傳承的理論依據最起碼要包括靈魂觀念、輪迴思想、修行成佛和利樂眾生說等方面的內容。這四個方面，缺一不可，……具備以上四個方面的內容，才能成爲活佛轉世問題的完整理論。[15]

這四項中，「修行成佛」與「利樂眾生」才是佛法的特色，且兩者是相互增上的；修行是為了成佛，成佛是為了利眾——若不利眾，則不能攝受國土而成佛；若不成佛，則利眾之福、慧有限。孫林云：

就宗教方面而言，佛教的三身理論、靈魂轉世說，及藏傳佛教噶舉派的獨特的密宗瑜迦修煉方法應是活佛轉世產生的基礎。……教派的祖師在弟子的心目中有時會高過佛陀，因為老師作為個人在密宗的瑜伽實踐中精神上的引導者、保護者，也是幫助弟子選擇合適於自己的「本尊神」的加持者，……弟子必須絕對服從或順從老師，老師當然也要絕對對弟子負責。[16]

除了靈魂（不滅、轉世）觀、化身說及中陰（救度）、遷識（奪舍）法之外，又加上民眾的宗教情結與上師崇拜，可列為第G項，〈論產生活佛轉世的思想基礎〉也云：

作者（陳慶英）指出，有四個要素構成了活佛轉世的思想基礎：藏族社會固有的靈魂觀念；佛教宣傳的靈魂不滅和六道輪迴思想；佛陀、菩薩化身出現於人世間的觀念：藏傳佛教密法中弟子「視師為佛」的傳統。[17]

因此，活佛轉世的理論根據，大致可分為四類：1.靈魂不滅、2.化身轉世、3.遷識奪舍、4.上師崇拜。

第1類是藏地本土的原始信仰；第2類是來自印度的佛教理論；第3類是藏

密噶舉派的獨特修法；第4類是藏密各派的「造神」共識。這四類信仰與觀念各有所本，在西藏經過長期的發展、混合、調整、改造之後，與政治、經濟各方面相結合，顯現一種特定的文化景觀，促成了政教合一的活佛轉世制度。以下逐項探討其內涵之虛實：

1、西藏原始信仰的「靈魂」觀及史詩的「化身、轉世」說

巴桑羅布云：

靈魂與輪迴說，按照西藏宗教觀點，也適用於一般人的生死問題。……所謂靈魂是一種被認爲寓於人體之中而又主宰人體的超自然體。大約在原始社會產生這種觀念之後，便成爲宗教觀念體系中的核心概念，是歷代各種宗教思想發展變化都離不開的文化基因。……西藏民間宗教認爲，在人身上存在著一個或幾個靈魂，也就是獨立於身體的心理性質的實體。身體消亡之後，靈魂依舊存在，或當人活著時，就能離開載體去完成其特殊使命。藏族民間寄魂、托魂之物各式各樣，散魂、招魂之術豐富多彩。苯教影響滲透了藏民族的思想，致使藏傳佛教也產生了與全世界眾多教派完全不同的活佛轉世理論和實踐。18

這個定義或許是原始部落民族的文化認知，是一種粗糙的觀察，與佛法的實證之知，有明顯的差異；也就是說，這種原始的「靈魂」觀，相對於佛法而言，

是不完整、不正確的意識之推論與想像，不可作爲生命的主體。降邊嘉措云：

藏族先民認爲，生命是靈魂的存在形式，靈魂和某個軀體（人或動物等）相結合，就產生了生命；一旦靈魂離開了物體，生命也不復存在。靈魂越多，生命力越強，越不容易受到傷害。……佛教傳入我國藏族地區，已有一千三百多年的歷史。在起始階段，它的教義、教規等同印度、尼泊爾的佛教，並無多大區別。後來，同藏族原有的宗教和文化傳統相結合，發生了重大變化，從內容到形式，都具有鮮明的民族特色……活佛轉世制度，是靈魂不滅觀念最突出、最集中的表現，使神秘奧妙、捉摸不定、虛無飄渺的靈魂觀念，成爲一種看得見，在實際生活中發生作用的實體。[19]

這裡提到一個事實：傳入藏地的「佛教」，與本土的宗教長期混合之後，盡失了，尤其是靈魂不滅（寄魂、托魂，散魂、招魂）的觀念，與佛教的**八識論**、**輪迴說**「**起始階段**」的原味，從內容到形式，都被藏族原有的信仰（廣義的苯教）所同化有本質上之差異；或者說，「**後來**」的「**藏傳佛教**」已偏離佛法而走回藏族的原始信仰了，而活佛轉世所依據的理論，就是這種原始的靈魂觀，而不是佛教的心識說；這是在佛教傳入之前就普及於西藏的本土信仰，這種信仰對藏民的影響既深且固，不僅先入爲主的改變（扭曲）了後來的西藏佛教，乃至發展出變本加厲的藏傳「**密教**（金剛乘）」，並以此貶抑、取代了被稱爲「**顯教**（般若乘）」的中國正統佛教。或者說，由於藏地本土偏斜信仰的長久熏習，令藏民不能相應、理解於正統佛法，因此，自始至終，他們所接受、傳習的都不是佛教三轉法輪的純淨正法，而是（印度）後期密教化的變質佛法，以及與此同類的（藏地）苯教與原始信仰。陳慶英云：

藏族原始先民崇信的是典型的萬物有靈論，他們認爲世間萬物都是有靈的，人也是有靈魂的，而且靈魂可以離開肉體，並且可以寄託於不同的自然物。……古代藏人的靈魂觀念裡，還十分關注靈魂的歸宿。……早期的苯教崇拜自然、崇拜鬼魂，具有自然宗教的特徵。其崇拜對象包括天、地、山、川、日、月、星辰等的大自然。……早期的苯教徒認爲人世間到處都有鬼神，而且人與鬼神互相依存，互有所求。……人死後要進入兩種「死後世界」：一是進入富足、安樂的「樂土」世界；二是穿過一個充滿險阻的黑暗、痛苦世界而獲得再生。……萬物有靈、靈魂不滅、死後轉生，這種藏族先民的原始靈魂觀念，及早期苯教的靈魂觀念，顯然與藏傳佛教的活佛轉世制度在文化淵源上有著某種內在的聯繫。[20]

源自藏族先民信仰與早期苯教的靈魂觀（萬物有靈、靈魂不滅、死後轉生），與活佛轉世在文化淵源上是有「內在的聯繫」，或者說，這才是活佛轉世的根本理論與直接來源；至於後來傳入的（大乘顯教）佛教之教義，只是表相（外在）的借用與裝飾而已，並無佛法本質的聯結。反而是與原始宗教同類的「**密教**」，從印度引進之後，進一步與「**苯教**」結合，相得益彰，成了後弘期西藏宗教的主流，然而，不論是印度或西藏的「**密教**」，在本質上都已悖離了「**三轉法輪、三乘菩提**」的佛教正法，是雜質、變質、外道化的**假名佛教**。以下接著討論由這種「**附佛**」外道藏傳佛教所發展的「**特殊修法**」，它也是活佛轉世的直接或間接的理論基礎，但與佛教正法無關。

2、噶舉派的特殊修法

藏傳歷史上，「**活佛轉世**」是從噶瑪噶舉派發端，而其他教派跟進、複製，最後集大成於格魯派，傳續至今，最具知名度與影響力的活佛領袖，仍是格魯派的達賴喇嘛（Dalai Lama）、與噶舉派的嘉華噶瑪巴（Gyalwa Karmapa）。爲什麼活佛轉世首發於噶舉派？此派有什麼特殊的理論與修法可支持這個肇因於「**政治、經濟**」考量的傳承方式？孫林云：

> 西藏的活佛轉世開始於噶瑪噶舉派領袖噶瑪拔希，這不是偶然的，而是與噶舉派的一些密法有直接的關係。……如著名的「那若六法」就是其中的典型，這六種方法裡有據稱能夠將靈魂遷移到任何物體上的「遷識法」，有能夠在未死亡時體驗臨終的感受與境界的「中陰救度」法……。[21]

劉立千云：

「破瓦」二字是藏語，它的意思作「遷移」講，就是說人要死時，把自己帶業往生的那個「本元風心」（識神），由業報的蘊身中，遷移出去，另外覓找生趣。在漢話中，有「往生」一詞與之相仿。……藏密的「破瓦法」修法很多，各宗各派都有，一時也談不完。大體歸納起來，他們的應用，有五種成就。一得法身成就。二得報身成就。三得化身成就。四起三種想，得主宰自己識神，隨意投生，這便是眞正的破瓦法，就是前面的三身成就也包括此法中。五是別的有修持的人，來幫助死者，以大悲心及法力，鉤攝亡者（引渡亡者）識神，而得遷移的法子。[22]

這五種破瓦法是寧瑪派的分類[23]，而噶舉派的後兩種略有不同，改爲「上師」及「他方世界」[24]；而平時修持以備臨終的是第三種：「化身」破瓦，也就是阻塞身中八個孔竅（污染門），讓神識配合呼吸及觀想所成的明點、種子字或本尊，沿著中脈，從頂輪射出，碰到 阿彌陀佛的腳底而進入佛身；若在捨壽之際，則觀想其神識以明點、種子字、法器或本尊的形式，藉寶瓶氣衝破頂門而出，往上進入阿彌陀佛的體內，直達心輪，在此與佛合一〔案：這是標準的外道邪見，因爲有情生命的本源都是唯我獨尊的，不可能分割或互相合併，否則即違背《心經》所說「不生不滅……不增不減」之聖教〕；宣稱如此即可不經中陰之苦，依願力直接遷往淨土。因此，遷識（破瓦）法是一般人皆可修習的，而目標是往生（本尊或阿彌陀佛）淨土，卻只是一種妄想。

西藏的遷識（Phowa 破瓦）法是由瑪爾巴、蓮花生等人傳入的，據說它能藉由直接而簡易的方法，在死亡的瞬間，將意識轉到較高的次元，遷往淨土。但是，從佛法來看，這只是一種異想天開的玄思，並無眞實性，因爲生命本源的各人自身的第八識如來藏，不能經由這種觀想法來轉移處所。

與活佛轉世相關的其實是奪舍（射識、換體）瑜伽，是遷識法中最玄妙的部分（案：噶舉派那洛六法爲拙火、幻身、光明、夢、中陰、遷識六種瑜伽。格魯派將中陰（瑜伽）視爲幻身（瑜伽）的分支，外加「奪舍」瑜伽成爲六法。「遷識」及「奪舍」均出於《吉祥四座續》（Shri Chaturpita Tantra）」，被誇稱爲**「不經觀修，即生成佛」**之法；噶瑪拔希臨終所用的第一種延續**「靈魂住世」**的就是這方法；其理論與性質，應來自印度密續及西藏苯教，巴桑羅布云：

> 藏傳佛教卻依據密宗續部的說法，認爲能夠輕而易舉地完成使靈魂游離於自己的肉體，自由地進入或轉托於其他肉體修行。藏傳佛教的這種思想觀念同苯教的靈魂游離說之間有著不可忽視的關係。[25]

這種違背常理的**「怪異之術」**，在西藏主要是噶舉派祖師瑪爾巴的傳承[26]，瑪爾巴與噶瑪巴西（拔希）的類似事蹟，只是噶舉派內部造神的傳說，不足爲憑。而所謂的「奪舍」法，在藏傳佛教是怎麼說？劉立千云：

> 有一個有名的破瓦法門，名「破瓦仲覺」，是噶舉派初祖瑪爾巴譯師的兒子色當瑪篤德從印度學回來的。「仲覺」的意思在漢文譯爲「奪舍」。這法子是自己隨意可以取身，好像內地的借屍還魂……可以自主地，任意地選擇一個剛死的較好的身子，將暖識遷入，又可繼續生存，……上至飛禽，下至走獸的身軀，都可以遷入，眞是奇特！惜夫後來，篤德被饒譯師害死，此法便失傳了。[27]

此處說瑪爾巴的奪舍法是他兒子從印度學來的，與前段引文不同；又說，後來失傳了。此說若眞，則噶瑪巴西（拔希）就不可能用這方法轉世。許得存教授云：

> 它（奪舍法）是母續類法，據稱是靈魂進入別人屍體的一種法術，原是古印度的一種民間方術，後來得到了密宗的繼承和發展。……那饒巴總結前人的實踐經驗，重新加以整理和完善，納入了那饒六法。……相傳，瑪爾巴利用奪舍法術，將靈魂移入死鴿體中，……彌拉日巴是瑪爾巴衆弟子中修煉奪舍法最好的一個人。……他（窮倉哇・益希——熱瓊巴的弟子）使用奪舍法，把魂識移入鴿子身中。[28]

這段話追溯此法在印度的緣起，民間方術—密教承襲—那饒（洛）六法，傳入西藏的是噶舉派瑪爾巴——惹瓊巴、密勒日巴……。陳士東云：

奪舍法做為頗哇法的最高階段而存在於噶舉派中，……瑪爾巴第三次到印度求學的密法，正是奪舍法，後來此法成為噶舉派所獨有的「那若六法」中最玄妙莫測、內涵最豐富的密法之一。……瑪爾巴傳承的是「勝樂耳傳」，後來由於該系統的傳承人達瑪多德去世，故「勝樂耳傳」在藏土也就歸於絕路。「勝樂耳傳」在藏土雖消失了，但此法卻未失傳，達瑪多德墮馬而死時，瑪爾巴命其用「奪舍法」投生一鴿體而復活，然後飛到印度投生於一人屍體中，此人還陰復活，這個人就是諦普巴。……熱瓊巴到印度後，從諦普巴和瑪吉珠杰處學法，回藏後將這些大法奉獻給米拉日巴，……由此，熱瓊巴傳下來就叫做「熱瓊耳傳」。……噶瑪巴．都松欽巴系統學過噶當派教法，後又依止米拉日巴弟子岡波巴大師，持明轉世，人稱知三世者。都松欽巴後輩弟子噶瑪拔希是最早自覺研習往生成就的人，他的轉世採用的即是奪舍。……黃教、花教、紅教及本教均有掌握此法者，……按漢人之理解，有些類似借屍還魂或還陽術。[29]

這裡補充了「奪舍」法在西藏噶舉派的傳承，從「勝樂」耳傳到「熱瓊」耳傳，表面上一佚一存，其實仍是同一師承（達瑪多德）的延續，只是換了身體、姓名（諦普巴）而已；而本是噶舉派所獨有的（那若六法）口傳密法，後來卻普及於藏密三大派及苯教，尤其是後來居上的格魯派。圖丹喇嘛云：

近數世紀以來，在迦舉（四大八小）十二支派上師所造的論典中，皆未曾說及

「奪舍法」……宗喀巴大士的說法卻如帕摩竹巴一般，把「幻身瑜伽」的三位修法之一，……在《深道那洛六法導引次第論・具三信念》對「奪舍法」雖有詳細的分析，但於《那洛六法實修手冊・掌中修法扼要》中，卻只提到其名目而未有作出解釋，也許宗喀巴大士認為此法於大多數人而言皆難以勝任。即使有說這種那洛巴所傳的「奪舍法」已經失傳（這種推論並不可靠），但切不可忘記此法的根源出處——《吉祥四座根本續》Chaturpita Tantra 及其口授傳承仍然流傳於世。[30]

依此文的說明，奪舍法的口授傳承從未失傳（案：噶舉的本意就是「口（耳相）傳」，重要的口訣都不曾寫為文字，因此，真實情況如何，不得而知；這麼說有兩種方便，一是其修法是否有效，外人無法驗證；二是若此法只是傳說，則可謊稱後來失傳了），只是由於無法證實真的能夠奪人色身而說為失傳；因此奪舍法從竹巴——止貢噶舉，經夏魯薩迦而傳給宗喀巴[31]，其內容與詮釋大同小異。藏密四大派之所以傳習此法，是當作備用的急救術，如陳士東前文云：「在西藏所有密教中，均須具此為之必備，萬一大法未修成而命將盡者，可行此法，有備而無患也。」圖丹此文也引班禪一世《那洛六法甚深導引・金鑰》云：「此意乃謂行者於身壞命終前，未能成辦一切達至正覺之法，則可趣修遷識及奪舍，以圓滿自他之大願。」[32] 可見其在密宗裡的重要性。

從上考察可知，此法雖有口授傳承，也有文字紀錄，卻多附屬於遷識（破瓦）法中，而較少傳習，如前引學者論文云：「諦洛巴雖然也修奪舍法，但沒有把它作為核心。」（許得存）、「宗喀巴大士認為此法於大多數人而言皆難以勝任，……是一種極少被採用的修法，僅流傳於從前大德祖師的事蹟中。」（圖丹）、「米拉日巴認為當時的藏地不宜授此法，就把這些典籍統統燒掉。……在目前，藏地上師也只是傳授頗哇法，奪舍部分則無公開教導，原因是它證果疾速而又極難修證。……奪舍法是密中之密，是奇特之法，人類以凡俗之智是很難理解的。」（陳士東）奪舍法既有如此優點，且是活佛轉世最初始的方法，為何攘迴多吉之後就罕見其例？最接近事實的推論是：此法只是迷信的玄想施設，而無實修成就之可能，亦無法再三驗證為眞實可證之說。從佛法的眞實義來看，這種行法有許多過失，也是永遠不會成功的妄想建立；如「明點」不是眾生之根本識如來藏、密教「往生」的不是諸佛之淨土而是羅剎境界、「空行母」只是觀想所成之內相分而非眞有其人、「提前捨壽」須修得第四禪之定境……，這種種破綻，與佛法的（證悟如來藏）唯心淨土及（具足信願行）往生極樂世界皆不相應，純屬依於外道妄想所施設之法，不能成就佛教四種淨土之異（勝）方便也。

依佛法的「**心識**」說，每一有情的第七識與第八識依中陰身進入母胎之後，由如來藏之「**大種性自性**」作用來攝持受精卵，再吸取母血中的四大元素，而造作新的色身，這個色身只有本人的如來藏能持之，因爲每個眾生的「**大種性自性**」各異、別業不同，互不相容，絕無可能（活著）奪他之舍（新死或未亡）而遷識入住，借（彼）屍而復（我）活。其次，若已捨此身而入中陰，則須重新入胎，不可能回到其他的粗重肉身。所以，密宗欲借觀想而將此「靈魂」攝入另一死者之色身，乃是不切實際之妄想也。何況，此類觀想所得影像，是個人心中之內相分六塵，並無實質，不可能奪他之舍（身）而接續其意識之運作也，故於實行上永無成功之可能。這在佛法中是明確而單純的事實，若不知不證此如來藏正法而觀察之，必將偏離佛法之眞義，而轉信「意識心」不如理作意的虛妄想，誤以原始信仰或人爲施設之教理爲依據，胡說亂修，不僅誤人誤己，且無所成就也。

3、上師崇拜

巴桑羅布云：

藏傳佛教的師徒關係比父子關係還要重要。其實連接師徒之間紐帶的乃是一種特殊意義上的父子關係（心傳弟子），師徒被稱作父子。如世人把宗喀巴和他的弟子結曹杰根敦珠巴（一世達賴）、凱珠杰（一世班禪）稱作父子三尊。……這種傳承關係保證了宗教教義與神秘感受不斷的延續。語音（特別是密宗）和權勢可以在一個不可分割的整體中一個接一個地傳下去。當師徒傳承與家族承襲，不足以滿足當時社會發展需要時，便以活佛轉世的辦法來補充繼承法的缺陷。[33]

其實，父子關係、師徒傳承、活佛轉世，在藏傳佛教是三位一體、同時存在的，只是隱顯不同而已；父子是血緣（身）傳遞、師徒乃教義（心）咐囑，轉世則是靈魂（識）再生，表面上前兩者是複數（他者），後者是單數（自我），然而，從侍師如父到視師如佛的神化崇拜，也是教派（寺院）之祖師（住持）之所以被稱為活佛並得以不斷（個體自生、封閉循環）轉世，而兼具「父子」、「師徒」之雙向傳承的原因；其「補充（繼承法）缺陷」之方式，是更自給自足、更獨尊壟斷的——其「前世」即是今生的父與師，而其根本是佛菩薩的化身，本來是佛，又轉生世間為眾生的師、父怙主、活佛。孫林云：

在西藏，普通民眾多具有宗教性的情結和宗教慣習心理，會為一切未知的事情尋找「宗教的合理化論證」。藏傳佛教在西藏長期發展中，由於密宗的作用，特別看重個人的行為，尤其是高僧、大喇嘛的個人作用，被提高到一個前所未有的高度，他們常常被奉為祖師、精神導師和領袖。……他們之所以能直接從精神上與弟子相接觸、並對其進行引導，乃是因為老師被看成是「覺悟者」——即已經獲得佛教的成就，成為佛陀。所以崇拜和信任佛陀，就要崇拜和信任老師，反過來崇拜老師，也就是崇拜佛陀。老師尤其是教派的祖師，在弟子的心目中有時會高過佛陀，因爲老師作爲個人在密宗的瑜伽實踐中精神上的引導者、保護者，也是幫助弟子選擇合適於自己的「本尊神」的加持者，他們在弟子的學習、修行中不可替代，是弟子心中最崇高的角色，……弟子必須絕對服從或順從老師，老師當然也要絕對對弟子負責。……藏傳佛教通過不斷的追求印度的密宗傳統的同時，而使其本身又匯合了西藏許多神秘主義觀念，這些都因爲符合大眾的宗教口味，得以在西藏建立穩定的信仰基礎。大喇嘛作爲已經達到解脫和覺悟境界的菩薩一級的神靈，他們重新轉世不但契合佛教的菩薩教義，也因其神秘的法術諸如破瓦法、遷識法、中陰救度法等等而在民間取得尊重。[34]

「上師（喇嘛）崇拜」可說是密教的特色，有其教法傳承上的現實功能，從印度到西藏，因爲地形的封閉、生活的困苦、教育的落後，原始信仰（苯教）的神祕性就更濃厚了，而西藏的歷代統治者又有計畫的以「造神」及「愚民」兩面政策，拉開（擴大）喇嘛與民眾的距離，成了天壤之別或聖凡之異，因此，在生活與宗教上近乎無知的民眾，不得不完全仰賴（壟斷一切知識與權利的）喇嘛的指引與教導，而藏民乃至喇嘛們對密教化之前的「純正佛法」並無正確的認識與體證，日常所知、所信、所觸及的多半是原始巫術與密教鬼神，是有爲、有相，可感、可想的欲界（世俗）法，對他們而言，此時此地活著的喇嘛比過去他方傳說的諸佛更親切而具體，因此，本來是諸佛（三寶）與民眾之媒介的喇嘛，由於代佛發言、久住世間而備受信賴、普受供養的結果，竟逐漸取代了佛、法、僧三寶的地位，而獨立爲神爲佛，創作自家的經論教言稱爲「密續」，發展個人的修行心得，不僅成爲教派上師，更升格爲另類的密續佛、金剛佛（本尊神）；這就是視師「爲佛」、或高於佛，及菩薩化身、活佛轉世的根源，此時，藏民的心目中已是「但見喇嘛，不知有佛了」。這就是借「附（外來）佛」而「造（家裡）神」的世俗化過程，及其在西藏重新複製古天竺「密教興而佛教亡」的成果。陳慶英云：

藏傳佛教密法中弟子「視師爲佛」的傳統：藏傳佛教後弘期密教的盛行，還帶來一個顯著的特徵即是對密法上師的崇拜。實際上對自己的宗教上師的崇拜在古印度就非常盛行。……在印度佛教的後期，出現了許多的「大成就者」，……他們被認爲是已經達到了即身成佛的境界，並且他們通過口耳相傳的秘訣和修行，可以使具有密法根器的弟子也達到即身成佛的目的。……一些藏傳佛教的教派甚至尊奉某些大成就者爲自己教派的教法的祖師，……將他們傳授的密法修行的經咒和儀軌等視爲自己教派的秘寶。……藏傳佛教注重佛教密宗，強調弟子應當「視師爲佛」，即弟子在拜師學習密法的時候，要樹立把自己的上師完全認同爲「佛陀」，以自己的身語意完全崇拜自己的上師，……這種觀念造成了藏傳佛教後弘期開始以後，西藏佛教徒的信仰方式的重大變化，這爲藏傳佛教的弟子和信眾把自己的上師和宗教首領作爲「佛菩薩的化身」來崇拜，奠定了思想基礎。[35]

從印度的「大成就者」到西藏的「大喇嘛」之崇拜而衍生的「視師爲佛」，並認爲他們過去世已「即身成佛」，今生是「佛菩薩的化身」，這樣的信仰，令藏民普遍地接受了「活佛轉世」的可能性與眞實性；然而，這類的觀念與崇拜是印、藏密教的系統，而非佛教的義理，學者們在論文中大致是能區別的，如尕藏加云：

> 藏族有句諺語：「沒有喇嘛，便沒有神佛。」可見在某種意義上，喇嘛被看成比佛、法、僧三寶還要重要。……喇嘛是以和信仰者的媒介身份而被崇拜。若是永遠的眞理—法，缺少喇嘛的話，就無法與信仰者相結合。基於此，與佛教之皈依三寶相對的，又產生了一個喇嘛寶，成爲皈依四寶，甚而喇嘛寶的地位超越三寶之上。……廣大藏族信徒之所以對權威者或絕對者喇嘛異常信仰，這一現象的出現，很可能是由於藏傳佛教強調教義的闡釋應有權威的觀點，……對絕對眞理的服從就很自然地變爲對掌握絕對眞理的人的絕對服從和虔誠信仰。[36]

這裡的用詞在強調藏族對「喇嘛」的信仰（崇拜）是異常、獨特，乃至超越於佛教的，因此，可確證這樣的信仰是不如實、無節制、非理性（智慧）的，藏民不求教意的理解與實證，而全然地委託大喇嘛代爲闡釋、宣講，而他們只是絕對（無知）地服從與信受，祈求喇嘛上師的加持與賜福；這是典型的「造神」方式，活著的「佛」可與民眾同在，及時滿足藏民的宗教需求與生活指導，較之經論中的三寶更具體而實在，因而喇嘛寶的地位遠高於佛、法、僧三寶；這在藏民心中是理所當然的，至於這些喇嘛的人格、證量有多高，藏民沒時間也沒能力去勘驗，更別說去較量喇嘛與佛菩薩的功德之勝劣了。在幾百年來政教合一的愚民政策下，藏民只曉得對「喇嘛」奉獻、祈請、依賴，希望喇嘛們永遠都在，死後再來；爲了自身精神上的需要，藏民必須全然相信位居上層的喇嘛是佛菩薩的化身，是佛在世間的代言人，堪爲全知全能的怙主。這種執迷，不能說是藏民本能的一廂情願，而是高階喇嘛們長時間、有計畫的教導與施設，從上而下貫徹始終長期洗腦所達成的愚民政策。June Campbell 云：

在西藏社會中喇嘛的角色是多元化的。在很多方面，其行爲活動與薩滿僧侶類似，薩滿僧侶是神與俗人的中間人，藉由他獨有的特別能力，能夠帶領其追隨者進入宗教生活的奧祕，並幫助他們從這一世去到下一世；如同薩滿僧侶，喇嘛經常被信徒要求配藥、驅魔與占卜、誦咒，以及用骨器與聖物舉行儀軌，……他們被視爲如同觀世音、蓮花生或者是文殊師利等諸多神祇的化身，此外當然也被視爲是前世著名喇嘛的轉世（活佛）或甚至分身。「喇嘛」（藏文爲 *bla.ma*）這個稱號只授給經由轉世而繼承該職位的人，或是經過多年研習或冥想修行而有資格獲得該稱號的人。[37]

西藏喇嘛其實就是官方化、職業化的薩滿（巫師）、乩童，在醫卜星相、消災解厄、接生送死各方面有其不可或缺的功能，頗得民眾的依賴；尤其是成立「教派」之後，以組織、教理、儀軌、神話而自我包裝、廣為推銷，包括一切可利用的原始宗教、民俗信仰，乃至佛教、密教、苯教，雜糅混合，形成了以喇嘛至上（上師崇拜）為核心的欲界法、鬼巫教，不僅以「**即身成佛**」的妄想與謊言，集一切寶（含佛教三寶）而睥睨之，更以「**活佛轉世**」的身分與制度，集一切權（政治、宗教、律法、經濟）而壟斷之。

4、印度佛教的「化身說」

上述三項理論根據，與西藏本土的原始信仰（含苯教與民間傳說）及印度傳入的密教思想之關係較深切，是「**活佛轉世**」最直接、最根本、最契合的教理，卻與正統佛教的教理、實證皆不相應，乃至背道而行，離道越來越遠；一般學者還看得出其中的差異，但是下一項因為襲用佛教之名相與法義而誤（曲）解之，就不是大部分的學者專家所能辨識了。巴桑羅布云：

所謂活佛轉世，簡單地說來就是「指大喇嘛和活佛，生時修佛，已斷除妄惑業因（原文：困），證得菩提心體，生死之後，能不昧本性，不隨業而自在轉生，復按其前生之職位」。……喇嘛作為教法和信徒之間的中介，同佛教中的「三身」

> 說，法身四法（案：自性身、智慧身、報身、化身），特別是「化身」說（應身說）是聯繫在一起的。這種化身說其實就是追慕佛的功德力的教徒們信仰的產物。……松贊干布，八思巴和達賴都被稱爲觀世音的應身，即化身。爲度脫世間眾生而入世，並從事教化的都可以視爲應身佛或化身佛。[38]

此段文章將佛分爲自覺、覺他、覺行圓滿三層：「自覺佛之果位，只是自我成佛，還不具備轉生入世，教化眾生的本領、資格。只有達到覺他果位以上，才能轉世。」在此意義上，班禪是（覺行圓滿佛）阿彌陀佛之化身，而達賴是（覺他佛）觀世音的化身，因此，班禪高於達賴。但是，「觀世音菩薩在藏民族的信仰中得到特別的推崇，……爲了拯救眾生，他放棄遞進覺行圓滿果位的機會。」這樣的論述，只是沿襲藏密之（附佛）套用佛法名相的傳說，只爲了美化「活佛」的證量，是「斷除妄惑業因，證得菩提心體，不昧本性，自在轉生」、「爲度脫世間眾生而入世，並從事教化」的化（應）身佛；然而，又認爲這種化身說是「追慕佛之功德力」的教徒們之「信仰」的產物。因此，這段文字除了轉述藏密對「佛法」與「活佛轉世」的種種錯誤訊息之外，並不能證明什麼。孫林云：

> 佛教有所謂「三身」即：法身、報身、應身（化身）。法身具有兩種含義，一是指人先天具有的「法性」，或叫「如來藏、眞心、本覺」。……「報身」指通過修行而證知佛性所達到的境界，在這個境界可以享受其最終的成就。「應身」指

佛爲救度人類與自然眾生，隨三界六道的不同情況和需要而化現之身。活佛——藏語爲「朱古」，意思是神佛化現爲肉身。主要指宗教領袖在圓寂後其靈魂又重返人世間化現爲肉身形象。[39]

此處說法身是「如來藏、眞心、本覺」，在因地上是正確的；然此文重點是以「靈魂重返人世，化現肉身」爲活佛轉世的根據。陳慶英云：

> 大乘佛教還發展出佛有二身、三身以及四身、五身、六身的學說，最基本的流傳最爲廣泛的是佛陀有「三身」的說法。……佛爲了教化眾生，可現爲六道眾生，以各種生命形式顯現。三身中的「化身」是與活佛轉世制度形成關係最爲密切的佛身。……大乘佛教後來發展出來的菩薩果位的理論，在很大程度上拉近了佛陀與有情眾生的距離。……菩薩是指懷著普度眾生的大心願而修行佛法的大德，他們在進入佛門的時候曾經立下過「不度盡有情眾生自己不入涅槃」的莊嚴誓願，因此他們經過無數劫的修行，本來已經能夠證得佛果，但是他們沒有成佛，而是繼續在世間承擔普度眾生的任務。[40]

這段話說「菩薩果位」是後來發展的，則違背了「大乘佛菩提道」先於「二乘解脫道」，「佛菩提道是主體，解脫道是分支」的事實[41]，因爲釋迦牟尼是成佛後才演說解脫道，而非未成佛之前以阿羅漢身分演說解脫道；證明必然先有大乘佛菩提道及菩薩五十二位階的果位，才能成佛，而解脫道並不能使人成佛。又釋迦如來前後三轉法輪已經講完三乘菩提才示現入涅槃，若是只演說二乘菩提解脫道，就不必三轉法輪了；這證明 釋迦如來化緣已滿而非尚有應說之大乘法未說，這是已經發生過的佛教史中的事實。且菩薩依五十二位階次第進修，於度化（攝受）有情的利他行之中累積福德、增長智慧，乃至福慧圓滿而究竟成佛，成佛之後有更自在、更善巧，更無量無邊的化身可以普度眾生，因此，並不是成佛之後就不能「繼續住世度眾」。尕藏加云：

> 藏傳佛教以「三種佛身」說作爲自己的理論依據，並在修行實踐中不斷探索，最後爲自己的理論開闢捷徑：認爲法身不顯，報身時隱時現，應身（化身）則隨機顯現。所以，一個有成就的正覺者，在他活著的時候，可以有若干個「化身」，在各地「利濟眾生」；當他圓寂後「轉生」或「轉世」就成爲理所當然的事了。換言之，藏傳佛教對十地菩薩之普渡眾生而變現之色身，在人間找到了依附之物，即活佛（喇嘛）。……每一位活佛的最高理想是解脫自己，然後爲了眾生的利益上拋棄這種解脫而又重返人世。[42]

此文以此三種佛身的內涵聯結到西藏的「活佛轉世」，是不恰當的；諸如「活時有化身、死後能轉生」、「十地菩薩」在人間變現的色身（化身）之類的成就，在藏傳活佛的現實上都不可能取證，因爲教義與行門都違背這些聖境的取證，而密宗古今宣稱已成之佛，從其說法的內涵以觀，都尚未斷除我見、未證初果，也未曾在佛菩提道中開悟明心，全都是凡夫位的因中說果；且「解脫自己」與「利益眾生」在菩薩道乃是同時並行的，無須棄此而成彼。桑德云：

> 藏傳佛教認爲，佛有三個層次，一謂法身佛，即「修行所成之究竟果位法身，具備諸多無漏功德者」。二謂報身佛，「住法身中不動不起，但於化機菩薩聖眾之前示現身形，成爲化身所依處，爲諸相好所莊嚴者」。三謂化身佛，「由增上緣報身所起，現於淨與不淨之化機中，爲利是諸化機而隨願受生之色身」。釋迦牟尼可以稱活佛，他是法身的形象化與人格化，轉世化身有得一地菩薩的轉世或得二地菩薩、三地乃至九地或十地菩薩的轉世化身。……藏傳佛教的轉世活佛理論，原是從佛教關於意識不滅，生死輪迴之説沿襲而來。……因果報應的理論基礎是業力緣起説，認爲眾生對待事物的心或識，導致各種行爲（業）的產生，由此業爲因，眾生承受著相應的果報，這個心或識是輪迴報應的主體，它是有生有滅的。它與我們通常所説的靈魂不完全一樣。[43]

此文引用了《百法明門》（藏文版）的「三身佛」注[44]，並以此認爲「釋迦牟尼可稱爲活佛」，此說與鄭金德所云「釋迦牟尼是第一個轉世的佛教人物」類似，因爲祂具足十二相成道，且符合西藏轉世傳統的十一項主題[45]。這當然是爲了攀附佛教，讓西藏的「活佛轉世」合（佛）法化，卻又露出許多理論的破綻，顯示西藏密宗喇嘛及藏學研究者對佛法的誤解；如云「佛教關於意識不滅，生死輪迴之說」，而「這個（眾生對事物的）心或識是輪迴報應的主體，它是有生有滅的」；事實上，佛教從本以來就主張是「八識」論，一向主張前七識是生滅法，從第八識（不生不滅）中出生，因此，（第六）意識有生有滅，不是輪迴的主體；這是從初轉法輪的阿含部諸經中，直到第二、第三轉法輪的般若部、方廣唯識部諸經中，前後一貫認定意識爲生滅法的經教中，明確可見而且至今依舊明文具載的聖教；此文主張佛法中說意識不滅，是誤會佛法後的錯誤說法。

以上各家對三佛身的理解都很表面，目的是以佛菩薩的「**化身**」說爲西藏「**活佛轉世**」找根據，卻沒掌握最核心的問題，也就是要取得化身與報身，須先實證法身第八識如來藏之後，次第進修，直至成佛，才得三身圓滿。如來藏（第八識）是一切有情之眞心本體，此如來藏阿賴耶識心中，有成就如來法身之能變功能，故云：「**如來藏中藏如來**。」悟佛法身，即是禪宗之破參明心——證得第八識如來藏；此後仍須隨佛修學四禪八定、無量百千三昧及一切種智，加修無量福德，由此斷除一切習氣，分證法身，成就菩薩地之三種意生身，及佛地之廣大圓滿報身。若細說，則佛有四種身：一、法身即眞如。二、報身即三十二種大人相，八十種隨形好，身量廣大莊嚴，唯有初地以上已證四禪的菩薩才能見到，未入地菩薩及聲聞緣覺皆不得見。三、應身：是應世間眾生得度因緣成熟而示現於人間，有色身，有生老病死及成道轉法輪而後入涅槃種種諸相。四、化身：是佛以成所作智及神通之力，於十方世界變化示現，利樂有情，忽現忽滅。若在因地，則一切明心證悟（如來藏）者，亦有三身：一、法身，即眞如（或阿賴耶識），不是佛性。二、報身，即佛性，不是見聞覺知。三、應身，即見聞覺知。不是六根，因爲六根無知。（參見平實導師著《正法眼藏——護法集》，佛教正覺同修會。）

以上才是佛法的正說，藏傳佛教除了覺囊巴以外，四大教派雖也套用佛教中的佛法名相，卻依凡夫外道的想像而另設內容以假代眞，乃至妄加項目。而其錯誤之關鍵在於不知不證第八識如來藏，乃至否定之，轉求於第六意識的虛妄想及前五識的觸受覺，在識陰與色陰上用功，不斷我見、不證法身如來藏而以爲可證法報化三身。例如密宗說：覺知心於明點現量境界上現行，不起分別及貪瞋癡等，此時之覺知心即是「**一切法空之法身**」；又說此法身之覺知心有（了別六塵的）明性，能自知所對之境皆空，是爲「**報身**」；而前六識能顯現各種境界之功能爲「**化身**」（案：前六識乃所生之緣起法（藉根塵觸爲緣而由如來藏中出生），不具顯現六塵境界之功能，所了知之六塵境界乃是內相分，由第八識顯現故，不是所謂的化身）。又或者以明光爲法身，以覺知心住於一切法空爲法身，以離念靈知爲常住不壞之眞如法身，……皆墮於意識心境界，成爲常見外道；因爲，第六識與第八識並存，第六意識心永不可能轉爲第八識眞如法身。

其次，密教的修行，主要是以觀想的影像作爲事實上的存在，其以假作眞的事實大約有四：一者、欲藉所觀成之廣大天身作爲將來成佛之佛身；二者、觀想自己本尊成就佛之大人相，與佛身無異時即是成佛；三者、藉觀想法門練成明點，作爲實證如來藏，作爲能生名色之勝義菩提心；四者、藉觀想及明點而加修氣功，作爲接受密灌之後修學及修證雙身修法之基礎。由此四者之成就，密宗行者便能進修男女雙身修法，即可於一生中修成「**佛果**」，具足「**法身、報身、化身**」及「**法界體性智**」等五智（參見平實導師著《狂密與眞密》第一輯，所舉宗喀巴等人諸說）。又如《那洛六法》云：「成佛之道有三：一、即身成佛（即法身成佛）；……二、中陰身替代成佛（即報身成佛）；三、如不能中陰身替代成佛，則投生成佛：即找一對甚好之父母而投生焉，俾來生得父母之允許出家修法以成佛。」[46] 此即是轉死亡爲法身、轉中陰爲報身、轉再生爲化身的妄想[47]。若深入探究其所證所得之「三身」，並非佛法所說，唯是密宗祖師依自意所妄想之法，非有佛所說之證量也。

如上所論，藏密活佛轉世的理論基礎與佛法相關的是「**化身說**」，這是可以肯定的，因爲諸佛與大菩薩本來就會以大悲心，化身至諸方世界教化有緣眾生。但本文要探討的是藏傳「**佛教**」援引「**化身說**」爲證，在佛法中是否具有適切性與正當性？也就是說，若依佛法之實修，要能成就化身、自在轉世，至少須有何種位階以上的證量？學者有不同看法，一說至少「**初地**」以上[48]；另說不須入地，只要有強大的「**慈悲**」誓願力[49]。這兩種觀點，皆未能舉出經教與實修的證據，都是想當然爾的推測，有必要再釐清。在前面提及活佛轉世的過程中，除了降神、觀湖、占卜，最重要的是當事者死前的「預言」，及靈童對前世的「宿通」。若這些預言的紀錄與宿通的認證，毫無造假，則可確定：活佛必具「正知」入、住、出胎的證量，乃能方死方生、前死後生的銜接兩世記憶，如逢故人、如睹故物的辨識前一世的人事物。也就是說，這樣的活佛必須在佛法修行上有極高的成就，且有遠離隔陰之迷，能正知「入、住、出」胎，自在轉世才能辦到。《瑜伽師地論》卷五十九：

復次，結生相續略有七種：一、纏及隨眠結生相續，謂諸異生；二、唯隨眠結生相讀，謂見聖跡；三、正知入胎結生相續，謂轉輪王；四、正知入住結生相續，謂諸獨覺；五、於一切位不失正念結生相續，謂諸菩薩；六、業所引發結生相續，謂除菩薩結生相續；七、智所引發結生相續，謂諸菩薩。

正知入、住、出胎是不共二乘及外道凡夫的；要能於一切位不失正念，結生相續，唯有諸菩薩；菩薩發起意生身，從自心流注不絕，即不受兩世之間五根的生滅變化所障礙，因此能正知入住出胎，《楞伽阿跋多羅寶經》云：

意生者：譬如意去，迅疾無礙，故名意生。譬如意去，石壁無礙，於彼異方無量由延，因先所見，憶念不忘，自心流注不絕，於身無障礙生。[50]**大慧！云何三昧樂正受意生身？謂第三、第四、第五地，三昧樂正受故，種種自**

心寂靜，安住心海，起浪識相不生，知自心現境界性非性，是名三昧樂正受意生身。[51]

菩薩的三種意生身中，至少要三地滿心之菩薩才能發起，這不但要有無生法忍，還得具足四禪八定及四無量心、五神通才能成辦，否則即無能力正知入胎、正知住、出胎。那麼，一般的神通（天眼通能知未來生處，宿命通能憶往昔宿命）可否令人明確的預告並自在的轉世？《阿毘達磨俱舍論》卷二十七〈分別智品 第七之二〉云：

如是五通，若有殊勝勢用猛利，從無始來曾未得者，由加行得。若曾串習，無勝勢用及彼種類，由離染得；若起現前，皆由加行。佛於一切皆離染得，隨欲現前，不由加行。

由此可知，在不能正知入、住、出胎的狀況下，不保證夙修神通的恢復，假名的「**活佛**」也不可能一世又一世的順利轉生、前後接續；因爲他們都耽著於無上瑜伽樂空雙運的淫欲，與神通的發起相牴觸，絕無可能發起神通（案：修學神通而得發起神通，前提是離欲而發起初禪等禪定，再作神通加行才能發起。發起神通之後若重新愛樂淫觸者，則必使已發神通隨後消滅）。因此「**活佛轉世**」的成立，還是必須建立在正知入、住、出胎的能力上。

從以上的討論，我們可以知道如果一個活佛世系要能一世一世轉世不中斷，那麼至少必須有三地菩薩以上的證量，才能與佛經中的記載相符。而菩薩三種意生身能發起化身，皆由禪定（不是密宗之雙身法的雌雄等至）及無生法忍慧而生，非因投胎而有。（參見平實導師著，《狂密與眞密》第二輯。）若細說之，則大阿羅漢迴心大乘、或通教菩薩（戒定直往菩薩）〔案：戒定直往與戒慧直往之詳細內容，可參考平實導師著《燈影——燈下黑》，佛教正覺同修會〕，要發起意生身，最快也須修得三明六通，並證得初地無生法忍；若依別教而修（戒慧直往菩薩），至少要到三地滿心，成就四禪八定、五神通、四無量心之修證，乃能發起意生身，而具備正知入、住、出胎的能力。

而藏傳「佛教」以無上瑜伽爲核心，倚重「男女雙修」，本質上不離欲界愛，甚至比一般人更貪著於淫欲，如此心行，絕不可能得初禪〔案：《長阿含經》卷十二：**「猶如有人去離貪欲，無復惡法，有覺有觀，離生喜樂，入初禪。」**（《大正藏》冊一，頁七五，上一八－二〇）〕，更別說四禪八定、五神通等證境，無生法忍就不必提了；這是隨時隨處可觀察、可證明的事實，例如，號稱 觀世音菩薩化身的達賴喇嘛十四世，凡事皆須垂仲降神乃能決定，可知其人毫無神通，更未能遠離淫欲及我見，不可能是活佛（活著的佛）。又《菩提道次第廣論》云：

> 四諦各四行者，謂苦中無常苦空無我，集中因集生緣，滅中滅靜妙離，道中道

如行出，達此十六有十六相，是為慧學。若導尋常中士道者，此應廣釋於三學中引導之理，然非如是，故修止觀心慧二學，於上士時茲當廣釋。[52]

宗喀巴認為藏傳學人所修是大乘法，因此中士道重戒學，上士道才修定慧，最多只在三賢位中的六住位之內，可知藏傳「佛教」四大派之修學次第，並非先證俱解脫大阿羅漢，再迴入大乘；因此，應依「戒慧」直往而修（案：這裡僅就藏傳佛教自設之次第而論，暫不探討其理論與實際是否能證得「阿羅漢」或「戒慧直往之菩薩」果），是則如前所述，須至少三地滿心乃有正知入、住、出胎，自在轉生之能力；也就是說，所謂的「活佛」須有佛教「三地滿心」的菩薩證德，才具備他們所宣稱的各種智慧、悲願與神通，並因此能預知死期與生處，不受胎昧而貫連三世，出胎即具往世一切證量……，不需從頭學起。

平實導師云：分身受生欲界身之法，那是八地以上菩薩的境界；三地滿心菩薩化現許多化身到各世界去，那也不是分身，只是化身影像，並沒有實質的欲界色身；在人間受生而示現多身，那是八地滿心以後的事，三地滿心菩薩有大智慧、大神通，尚且不能，何況密宗的上師們連明心的七住位功德都沒有，對初地的智慧尚且完全不知不曉，如何可能分身多位在人間受物質的色身呢？所以密宗的第一世頂果仁波切說他死後將分身為五個人，在人間受生，那是他的虛妄想，正是大妄語，目的只是要讓人對密宗升起信心而已。（平實導師著《甘露法雨》，佛教正覺同修會。）

從這段開示可知「分身受生欲界生之法」，只有於相於土自在的八地以上菩薩，已經斷除三界愛的習氣種子而能於相於土皆得自在，才能作得到；現存的藏傳「佛教」四大派中的活佛們，確定都是未斷我見、尚未明心，不但未斷除欲界愛習氣種子，而且是連欲界愛的現行都不能遠離的欲界身，所以縱使如其所說而有分身，必定都是欲界身；既是被欲界所拘限之欲界身，即證明不可能有化身。因此綜合上一節及這一節來看，活佛的存在條件：A、分身受生欲界生，此為八地菩薩以上證量。B、非分身受生欲界生，但能正知入、住、出胎，依此而轉世，此為三地滿心以上菩薩證量。藏傳「佛教」四大派的發展過程中，為了顯示自己教派的殊勝，競相謊說而高推證量，造成其活佛的來源越來越多，也越複雜，按照目前的資料[53]，我們可以知道化身活佛的狀況，如噶舉派有身語意分別轉世的傳統；寧瑪派的祖古傳承，每位活佛可能有五位甚至超過五位的轉世，至於格魯派的達賴說為 觀世音菩薩的化身、班禪說為 阿彌陀佛的化身；以上的狀況符合條件A，也就是說至少是佛或八地菩薩的化身。至於其他未聲稱為諸佛或大菩薩化身，或沒有分身轉世的，至少也必須符合條件B，才具有轉世的能力。

綜合上述可知，轉世活佛至少須具三地菩薩滿心的證量，以下我們就按此標準來探討藏傳「佛教」的轉世活佛是否符合。

1 嘎．達哇才仁著，《當代藏傳佛教活佛：信徒認同和社會影響》，頁四〇－四一，中國藏學（北京），二〇一〇年七月，初版一刷，頁一九二。

2 除了「呼畢勒罕」是蒙古文，其他都是藏文的音譯。「仁波切（rin-po-che）」最普遍，在藏文中，是「珍寶」之意。「喇嘛（bla-ma）」是比「活佛」更古老的稱謂，最初是從梵文「gu-ru」義譯；活佛制度形成後，「喇嘛」成為一個重要的稱謂，是引導信眾走向成佛之道的「導師」或「上師」。另三個稱呼：「阿拉（A-lags）」是藏文的音譯，不少藏區、尤其「安多」，以此稱呼活佛。「朱畢古」、「呼畢勒罕」則是蒙藏對活佛的尊稱，意為「轉世者」或「化身」。（參見《一個走在變化路上的宗教，藏傳佛教活佛轉世傳承今昔》〈活佛有六種尊稱〉，香港成報二〇一二年九月七日。）
http://www.singpao.com/xw/ht/201209/t20120907_385404.html

3 嘎．達哇才仁主編，《藏傳佛教活佛轉世制度研究論文集》，（日）山口瑞鳳著，周煒譯〈藏傳佛教之活佛研究〉，中國藏學（北京），二〇〇七年九月，初版一刷，頁七〇。

4 嘎．達哇才仁主編，《藏傳佛教活佛轉世制度研究論文集》，降邊嘉措，著，〈古代藏族的靈魂觀念與活佛轉世制度〉，中國藏學（北京），二〇〇七年九月，初版一刷，頁一一。

5 巴桑羅布著，〈活佛轉世傳承的文化內涵〉，《西藏研究》一九九二年第二期。收錄於嘎．達哇才仁主編，《藏傳佛教活佛轉世制度研究論文集》，中國藏學（北京），二〇〇七年九月，初版一刷，頁三一－三三。

6 嘎．達哇才仁著，《當代藏傳佛教活佛：信徒認同和社會影響》，中國藏學（北京），二〇一〇年七月，初版一刷，頁一九二。

7 參見 龍欽佛學會網站——吉美林巴尊者 http://www.longchen.org.tw/buddhism-6.htm

8 第二世嘉木漾尊稱宗喀巴、賈曹傑、克主傑爲「第二佛陀父與子三尊」。（參見 貢卻亟美汪波著，陳玉蛟譯，《宗義寶鬘》，法爾（台北），二〇〇〇年五月，二版二刷，頁二七-二九。）

9 參見嘎·達哇才仁主編，《藏傳佛教活佛轉世制度研究論文集》，嘎·達哇才仁著〈當代藏族人的活佛觀〉，頁一四二。

10 同上註。

11 唯色著，〈由藏傳佛教的精神領袖聯合認證轉世活佛的建議是否可行？〉：【從藏語的「朱古」翻譯成漢語的「活佛」這個詞，其實對漢人有著很大的誤導。藏語「朱古」的意思是化身，是指前世修行有成就並根據自己的意願轉世而來的佛教徒，其身份需要高僧大德通過嚴格的宗教程式予以認證。而漢語的「活佛」，從字面上很容易被誤解爲活著的佛或者現實中活生生的佛，憑添了迷信的色彩。」】（「第三次國際漢藏對話會議」書面發言。 http://map.woeser.com/?action=show&id=50

12 請參照「第十七世大寶法王噶瑪巴官方中文網」。http://www.kagyuoffice.org.tw/kagyu/karmapas/karmapas_characteristics.htm

13 請詳維基百科〈八思巴〉：http://zh.wikipedia.org/zh/%E5%85%AB%E6%80%9D%E5%B7%B4

14 參見嘎·達哇才仁主編，《藏傳佛教活佛轉世制度研究論文集》，周煒著〈活佛轉世的理論基礎研究〉，頁一一八-一三九。

15 參見同上註，巴桑羅布著〈活佛轉世傳承的文化內涵〉，頁三八-三九。

16 孫林著，〈藏傳佛教的本地化及其早期特點〉，《西藏大學學報》二十三卷第一期，二〇〇八年二月，頁六六。

17 陳慶英著，〈論產生活佛轉世的思想基礎〉，《西藏民族學院學報（哲學社會科學版）》，二〇〇八年五期。http://www.fjdh.cn/wumin/2010/05/22472511935.html

18 巴桑羅布著，〈活佛轉世傳承的文化內涵〉，《西藏研究》一九九二年第二期。收錄於嘎·達哇才仁主編，

《藏傳佛教活佛轉世制度研究論文集》，中國藏學（北京），二〇〇七年九月，初版一刷，頁三九－四〇。

19 嘎．達哇才仁主編，《藏傳佛教活佛轉世制度研究論文集》，降邊嘉措著〈古代藏族的靈魂觀念與活佛轉世制度〉，中國藏學（北京），二〇〇七年九月，初版一刷，頁七－一三。

20 陳慶英，〈論產生活佛轉世的思想基礎〉，《西藏民族學院學報（哲學社會科學版）》，二〇〇八年五期，頁三一。

21 孫林著，〈藏傳佛教的本地化及其早期特點〉，西藏大學學報二十三卷第一期，二〇〇八年三月，頁六六。

22 劉立千，〈西藏密宗漫談：破瓦法〉，一九九五年八月二十八日。（原載《康藏研究月刊》一九四九年第二十五期。）

http://www.lama.com.tw/content/edu/data.aspx?id=3703

23 參閱堪祖仁波切，〈頗瓦（遷識）法教授〉，二〇一一年四月二日。

http://tw.myblog.yahoo.com/khentrul-rpc/article?mid=2922

其方法則是：把自身的金剛瑜伽母化光，融入金剛手菩薩，再融入觀世音菩薩、阿彌陀佛，最後剎那間，阿彌陀佛再融入長壽佛。

24 節錄自：創古仁波切，《穿越生死——創古仁波切「中陰救度法」教授》，〈何時修持破瓦法？〉（創古文化，二〇〇九年十月二十八日。）頁六〇－七二。

http://www.thranguhk.org/buddhism_teachings/cn_bardo.html?keepThis=true&TB_iframe=true&height=600&width=1050

25 巴桑羅布著，〈活佛轉世傳承的文化內涵〉，《西藏研究》一九九二年第二期。收錄於嘎．達哇才仁主編，《藏傳佛教活佛轉世制度研究論文集》，中國藏學（北京），二〇〇七年九月，初版一刷，頁四〇。

26 活佛轉世系統中，以遷識法得其認證的極罕見，《安多政教史》載，三世東科爾活佛傑瓦嘉措（一五八八－一六三九），圓寂於甘肅涼州（今武威市），遺體被送往東科爾寺途中，碰到送殯隊伍，死者爲十九歲的漢族青年，這青年當時復活，自稱東科爾，遂被認定爲三世東科爾活佛奪舍轉世。青海卻摩寺最後一代卻摩倉活佛，也以奪舍法轉世。http://www.hudong.com/wiki/%E5%A4%BA%E8%88%8D。
另見：〈道家和密宗的奪舍法〉（二〇一〇年九月二十四日）。
http://blog.sina.com.cn/s/blog_535c51650100lccu.html
及〈施奪舍法轉世的情景〉http://bbs.astro.qq.com/t-426938-1.htm

27 劉立千著，〈西藏密宗漫談：破瓦法〉，一九九五年八月二十八日。（原載《康藏研究月刊》一九四九年第二十五期。）
http://www.lama.com.tw/content/edu/data.aspx?id=3703

28 索南才讓（許得存）著，〈大手印法的西藏化特點〉，收錄於顯密文庫網站——《索南才讓.許得存教授文集》。
http://read.goodweb.cn/news/news_view.asp?newsid=74436

29 陳士東，〈奪舍法論〉，二〇一二年七月二十五日。
http://read.goodweb.cn/news/news_view.asp?newsid=79440

30 圖丹喇嘛，〈那洛六法〉，二〇一一年十月二十三日，又云：「宗喀巴大士所造的六法論典有兩種，篇幅較長者是《深道那洛六法導引次第論‧具三信念》，較簡略者爲《那洛六法實修手冊‧掌中修法扼要》。」
http://blog.sina.com.cn/s/blog_5139c7ee0102dywi.html

31 圖丹喇嘛，〈那洛六法〉，又云：「（格魯派）六法傳承主要是來自薩迦派的一個支派一夏魯派。夏魯派的那洛六法傳承是得自迦舉派八小派中的止貢迦舉；止貢迦舉則爲迦舉四大傳承中的帕摩竹巴迦舉的支系。所以格魯派是依此派的創立人吉祥帕摩竹巴傳予止貢迦舉派初祖即丹頌恭的法規來開示那洛六法。……宗喀巴大士是屬於西藏的第十四代那洛六法祖師。」
http://blog.sina.com.cn/s/blog_5139c7ee0102dywi.html

32 同上註。

33 巴桑羅布著，〈活佛轉世傳承的文化內涵〉，《西藏研究》一九九二年第二期。收錄於嘎‧達哇才仁主編，

34 《藏傳佛教活佛轉世制度研究論文集》，中國藏學（北京），二〇〇七年九月，初版一刷，頁三三－三四。

35 孫林著，〈藏傳佛教的本地化及其早期特點〉，西藏大學學報二十三卷第一期，二〇〇八年二月，頁六六－六七。

36 陳慶英著，〈論產生活佛轉世的思想基礎〉，《西藏民族學院學報（哲學社會科學版）》，二〇〇八年五期，頁三三－三五。

37 尕藏加（KalSang Gyal）著，《西藏佛教神秘文化——密宗》〈第七章‧三、人神之媒介——對喇嘛的信仰〉，西藏人民，二〇〇六年四月，頁一八四－一八六。

38 June Campbell 原著、呂艾倫譯《空行母：性別、身分定位，以及藏傳佛教（Traveller in Space——Gender,Identity and Tibetan Buddhism）》，正智出版社。

39 巴桑羅布著，〈活佛轉世傳承的文化內涵〉，《西藏研究》一九九二年第二期。收錄於嘎‧達哇才仁主編，《藏傳佛教活佛轉世制度研究論文集》，中國藏學（北京），二〇〇七年九月，初版一刷，頁三二－四二。

40 孫林著，〈藏傳佛教的本地化及其早期特點〉，西藏大學學報二十三卷第一期，二〇〇八年二月，頁六六。

41 陳慶英著，〈論產生活佛轉世的思想基礎〉，《西藏民族學院學報（哲學社會科學版）》，二〇〇八年五期，頁三二－三三。

42 詳見 平實導師著《阿含正義》七輯之舉證與論說，正智出版社（台北），二〇〇七年八月。

43 尕藏加著，《西藏佛教神秘文化——密宗》〈第七章‧三、人神之媒介——對喇嘛的信仰〉，西藏人民，二〇〇六年四月，頁一八三－一八四。

44 桑德著，〈活佛轉世理論芻議〉，《西藏研究》一九九二年第三期。收錄於嘎‧達哇才仁主編，《藏傳佛教活佛轉世制度研究論文集》，中國藏學（北京），二〇〇七年九月，初版一刷，頁一四－二九。

45 廖祖桂、陳慶英、周煒著，〈論清朝金瓶掣簽制度〉，《中國社會科學》，一九九五年第五期。）轉引。http://www.qinghistory.cn/wszl/xlxh/2006-10-11/30054.shtml

46 鄭金德著，〈從佛教觀點看西藏轉世喇嘛〉，香港《內明》一九八一年一一一、一一二期。收錄於嘎‧達哇才仁主編，《藏傳佛教活佛轉世制度研究論文集》，中國藏學（北京），二〇〇七年九月，初版一刷，頁五二—五三。

46 道然巴羅布倉桑布講述，盧以照筆錄，《那洛六法》，晨曦文化（台北）一九九四年八月，初版，頁一〇六—一〇七。

47 參見 圖敦・耶喜喇嘛著，釋妙喜譯，《藏傳密續的眞相：轉貪欲爲智慧大樂道》，橡樹林（台北），二〇〇一二年九月，初版一刷，頁一九六—二〇一。

48 桑德，〈活佛轉世理論芻議〉：「轉世化身有得一地菩薩的轉世或得二地菩薩、三地乃至九地或十地菩薩的轉世化身，到底得了幾地菩薩，不是誰能隨意可認定的。」《西藏研究》一九九二年第三期。收錄於嘎・達哇才仁主編，《藏傳佛教活佛轉世制度研究論文集》，中國藏學（北京），二〇〇七年九月，初版一刷，頁一五）。

49 鍾金芳：在「化身」的定義中，已說明必定要有一定之修行能力，方可做爲「化身」者，但藏傳佛教的一些轉世者是否有此能力，一般人未得而知，惟密教經典中也提供另一種「化身」的可能性，即依「化身」者之強大的菩薩的慈悲誓願力，在六道中示現，這也可以解除了在藏傳「佛教」之轉世活佛者，必需有初地菩薩之能力的限制。（〈西藏佛教轉世制度之研究——以化身概念爲主之探討〉，華梵大學東方人文思想學系碩士學位論文，二〇〇八年一月，頁四〇。）

50 《楞伽阿跋多羅寶經》卷二〈一切佛語心品〉，《大正藏》冊十六，頁四八九，下一九—二二。

51 《楞伽阿跋多羅寶經》卷三〈一切佛語心品〉，《大正藏》冊十六，頁四九七，下二三—二六。

52 宗喀巴著，《菩提道次第廣論》卷七，〈中士道-解脫正道〉，佛陀教育基金會，二〇〇七年十一月印製，頁一九四。

53 參照 http://reocities.com/paris/louvre/2439/tulku.htm
〈頂果欽哲仁波切談寧瑪派之祖古傳承〉

第四章、藏傳活佛並不具備佛菩薩的絲毫證量

本章從藏傳佛教四大派活佛的幾個基本教義，來審查「轉世」的活佛是否符合佛法的標準。

(一)、無上瑜伽

藏傳「佛教」的修行，皆以次第邁向無上瑜伽爲目標，達賴喇嘛云：

在《金剛幕本續》中解釋，密宗系統有四部。不過，只有無上瑜伽能完全展示密續的深廣與獨特，因此我們應該視其他三部爲邁向無上瑜伽的進階。雖然四部密續都是利用欲望來導引行者入道，但使用的欲望層次卻不相同。在第一部「事續」中，入道的欲望僅僅是對具有吸引力的異性凝視而已，其他三部——行部、瑜伽部和無上瑜伽部——的入道意念則分別是對此異性微笑，進而想牽手、觸摸，乃至最後想望性的結合。[1]

可知藏傳佛教四密續的修行次第是以「欲」爲道力而分級：一、事續，凝視具有吸引力的異性。二、行續，對異性微笑。三、瑜伽續，牽引觸摸。四、無上

瑜伽續，親密的性結合。無上瑜伽密續在「**金剛乘**」典籍中，被推為最高級的密續，共有五部《密集金剛》、《吉祥喜金剛》、《時輪金剛》、《勝樂金剛》、《大威德金剛》，形成的時間約在八至十一世紀間。五部典籍被「**擬像化**」為有軀體形貌的「**佛陀**」，統稱「**五大金剛**」，共同的造型是佛父擁抱佛母的密合雙身像，表達了以「**愛欲**」引導修行——經由適當的運用與轉化，認定「**愛欲**」可成為證悟的工具。

無上瑜伽由「**生起次第**」及「**圓滿次第**」組成。前者是為了成熟（修習）後者之心相續；透過觀想的演習，令假想變成眞實，因此「**生起次第**」亦名「**假施設瑜伽**」及「**戲論瑜伽**」。到了「**圓滿次第**」位，行者在自成本尊之觀想中，修習所謂穿透身中脈之法，此法須藉眞實明妃而行二根和合的雙運，引生大貪，增長靜慮的力量、引發身心的樂受，令身中流動的風息更猛利地趣入並消融於中脈，最後融入「**心輪**」的不壞明點中，「**光明心**」現起，配合「**大樂**」，即能證悟「**空性**」。風息再起之際，行者當下即現本尊相好的「**幻身**」（風息所成之身），藉此「**幻身**」及「**光明心**」觀修空性，即能速疾積聚「**智慧**」、「**方便**」二資糧，斷除「**煩惱障**」及「**所知障**」（案：密宗四大教派所說的煩惱障、所知障，其定義皆非佛法中所說的煩惱障、所知障），成就佛位。

從上所說無上瑜伽的觀修法可知，密教的教理行果與「**佛法**」毫無相似之處，甚至是完全悖反；例如雙身法爲增長密宗靜慮及引發樂受之所必修，然而此法不能遍一切有情而修，也不能遍一切地、一切界、一切時、一切識而修，如黃門、石女、男女根缺、人老力衰者，皆不能修、不能領受；又如色界、無色界諸天皆爲中性身而不能修、不能領受。又所證之淫樂，唯在身根、身觸、身識、意識而不遍於十八界，並非遍一切界之法；又男女雙身終有分離而有間斷故不遍於一切時……乃至不遍於三界九地，亦不遍於一切識〔案：實相法具四種遍：遍一切界、遍一切時、遍一切識、遍一切地〕；因此，以雙身法爲關鍵的無上瑜伽密法，縱然具足修證，亦不可能成就解脫道或佛菩提道，反而增長無明與貪慾，沈淪於欲界三惡道中，加深我見與我執，墮於外道法及大妄語。

佛（顯）教諸經所說之一切究竟清淨之佛，在藏傳「佛教」四大派中，皆成了貪淫之不淨雙身像。密教一切行門皆導向淫樂第四喜之證得，故其法身「佛」與報身「佛」皆是抱女人交合受樂之像，反不如色界初禪以上遠離男女相之凡夫位天人；又主張於雙身合修中，保持其樂觸之長久不退，於其中觀彼大樂之觸及受樂之覺知心，皆是空無形相、本性清淨，名爲「空性」，如是大樂與二空，雙運不斷，而成就「樂空不二、樂空雙運」之肉身「佛」。類似這樣的見解與修持，皆落入意識心的覺知性之中，是意（根）、法（塵）爲緣而依他起的無常生滅法，墜入五陰的我我所中，更無可能斷除我見等三縛結，永處凡夫位中；而此淫樂我所境界的主體識是識陰六識，於五位中必斷而不能持身、持種，因此，永劫勤修也不可能變成第八識眞實心常住法。如此「欲貪爲道」的邪淫法，五戒不能守，來世失人身，更不可能斷我見、證眞如，更何況進修道種智而具足三地滿心的證量？因此，西藏喇嘛以「活佛」爲名而自誇「預知來生、自在轉世」，皆是貪著政教權利而籠罩信眾的謊言，全無實質。

（二）、應成派與自續派中觀之般若見

除覺囊巴以外，藏傳「佛教」四大派，皆以中觀爲究竟，從印度的傳承分爲自續與應成兩派，皆以「外於如來藏之一切法緣起性空」爲般若之空性（案：《阿含經》所說五陰十八界之緣起性空，係依能生名色之第八識而說諸法緣起性空，詳見平實導師《阿含正義》中之舉證。）；亦以意識心之空無形色，爲佛說之般若空性；如應成派的阿底峽云：

在世俗上，一切法就短視的凡夫來說，因果等一切建立，都像它們所顯現一般地眞實。但是在勝義上或眞實上，世俗所顯現的現象本身，如果用各大正因去解析，那麼就百分之一髮尖的微量也得不到。……去除一切惛沉和掉舉等過失，在那不沉不掉的空檔，心識不要作任何尋思，也不要執取任何意象，斷除一切憶念和作意。在意象或分別心的敵人或盜匪冒出來以前，盡可能將心識安住在

那樣的狀態。2

這是說，在勝義上無一法可得，一切皆是緣起性空；而又誤認意識心清楚明白、不打妄想，就是無分別慧。本質是斷滅空的見解而又住於意識的境界中，又墜入常見外道思惟中，具足斷見與常見，與般若的中道觀行無涉。又如自續派的清辨云：

釋曰：無他緣者，是眞實法，不以他爲緣，故名無他緣，所謂不從他聞、亦無保證，自體覺故。寂滅者，自體空故，非差別分別物境界故，名爲寂滅。……我佛法中名識爲我，聲如其義，名爲實我；若於色等諸陰名爲我者，是則爲假。如阿含經中所說，依眾分故得名爲車，我亦如是，以陰爲因假說爲我，有如此經。又復識能取後有，故說識爲我。（《般若燈論釋》卷十一〈觀法品 第十八〉。）

這是認爲意識離念靈知心無他緣而自覺，是實我，是究竟佛地之眞如，自認爲可從往世來至此世，延續多劫而不斷，無異常見外道，公然違背四阿含解脫諸經及般若諸經所說五陰緣起性空等聖教。

應成派中觀以月稱《入中論》的斷常見理論取爲根據，傳入西藏之後，由宗喀巴弘傳，著作《入中論善顯密意疏》而公開否定第七識與第八識，認爲眾生既依阿賴耶識而有生死，則此第八識是純妄之識，故不可認阿賴耶識爲眞實心；由有如是邪見，故於非常非斷之阿賴耶識不生喜樂心、不欲實證之，乃至百般否定之，這種邪見是黃教（格魯派）所特有的。宗喀巴執五陰中之意識爲不生滅法，墮於常見外道之「我、我所」之執，未起抉擇慧；復以如是「常見」之邪知，亂說菩薩十地之果證而自以爲證，則是以外道法代替佛教正法，誤導眾生。至於紅教、白教、花教諸派，屬於自續派中觀，承認有如來藏，卻從不曾說第七識意根在何處，又將意識心一念不生的境界妄說即是眞心如來藏。也就是說，應成派否定第八識眞心而成爲斷、常二見之無因論；自續派則以意識不住兩邊、不著諸法爲中道觀，以意識「不分別」諸法之狀態，爲證得般若之根本無分別智，欲將意識修行改變爲第八識眞如，成了佛門「常見」凡夫所說的「無我」。

若是顯教的眞見道者，以第六「意識」修行證得「第八識」如來藏，而後依此修證，了知「第八識無始以來無分別」之智慧，依此而住，名爲證得根本無分別智；由現觀第八阿賴耶識之眞實如如法性，發起證眞如之智慧。證悟之後，如實觀察，了知第八識由其賴耶緣起之種子，能令眾生生死輪迴；亦因賴耶緣起之故，眾生乃能依之漸修而究竟成佛。若無賴耶緣起之種子，則此世修集之一切善功淨業，皆不能攜至來世，又如何一世、二世、無量世的接續而轉進成佛？因此，若欲證成「活佛轉世」，唯有信受、肯定、實修、親證第八識如來藏，乃有可能。

佛說空性是第八識「無心相心」故，「緣起性空」是依第八識而說「蘊處界」

依因托緣而起故空，不是應成派中觀否定第八識後所說之無因論空。若以意識心處於清楚明白、不打妄想的境界爲中觀般若見，則又墮常見之中。由此可見藏傳「佛教」四大派之中觀般若見，正落於斷常兩邊，進退失據，是我見未斷的凡夫，連聲聞初果之證量亦不可得，何況是三地滿心菩薩的證量？這裡也能看出活佛轉世之說虛妄不實。

（三）、正知入、住、出胎

西藏文獻中記錄了許多「活佛」不可思議之行跡，而這些神跡都是死後才由信眾宣揚出來，在世時都無法顯示神跡。當喇嘛們宣揚「活佛」神跡時，近、現代的學者卻從其中發現不少疑點，可反證「活佛轉世」只是一種神話的宣傳；（日）山口瑞鳳曾仔細研究第五世達賴喇嘛的自傳，並舉出一些荒謬的例子，如云：

當我（五世達賴）要把手放在一位老眼昏花名叫根敦嘉措的蒙古喇嘛的頭上時，他對我說：「自己曾被前世達賴喇嘛（四世）的佛心觸摸過，因此，你一定會因爲我沒有向你頂禮而感到驚訝，你一定注意到，在你面前我就不用再受加持了。」回去以後，我對（喇嘛們）講了此事，他們似乎也相信了。但是，對我來說，那天那位認識我的根敦嘉措，其實誰也不是。……在我（五世達賴）身邊準備宴席之際，在被稱爲知事的人的身上，有一啞人拿著大鼓在敲打，同時，還不斷地投扔供施的食物，因此，（我）也模仿其動作玩耍……據說（我）的模仿動作似乎反映了前世達賴喇嘛的習慣。[3]

這是五世達賴被認證爲靈童，迎請至哲蚌寺的事，他坦承完全不認識、不瞭解他的前世雲丹嘉措（第四世達賴），也沒有任何相關的記憶；由此可知，五世達賴並無地上菩薩「**正知**」入胎、住胎、出胎之能力，因此，現實中的四世與五世之間，不能認證爲同一人的轉世。

又如《達賴喇嘛新傳——人、僧侶，和神秘主義者》書中，作者問十四世達賴喇嘛對前生是否有記憶，他說：

轉世有好幾個層面，並不是完完全全變成上一輩子的人。有些是你轉世那人的某一些面貌。……我有關於前世的片段記憶。……並沒有特定的記憶，雖然有時我有很強烈的感覺，覺得自己曾來過這裡。我對這些事並沒有多想。[4]

在另一本書中，達賴又說：

如果有人問我，我是否達賴喇嘛的轉世，……我會毫不遲疑地答是。這並不表示我和前世達賴喇嘛是同一人。……我與第十三世和第五世達賴喇嘛有特別的連結，甚至還曾感受到與佛陀的關係或連結。……如果他們問我，我是否是第十三世達賴的轉世，我會說我不知道。……簡單的說，我的靈魂和第十三世達

> 賴喇嘛的靈魂可能不同。……也許第十三世達賴喇嘛才是眞正的觀音轉世。不過這些事都非常神祕。[5]

對於自己是不是前一代達賴的轉世，回答的如此支吾含糊，或曰「不知道、沒多想」，或云「沒特定記憶、有強烈感覺」、「有特別連結、可能不同」、「也許……才是」，前後矛盾，最後推說是「非常神祕」。這不是謙虛，而是心虛又想承認是觀音轉世，因爲藏傳佛教四大派的古今活佛們全都是凡夫，而且每一代都是業報不同的另一個人，所以彼此之間並無前後世的連結，當然更無正知入、住、出胎的記憶，這才是事實，五世與十四世達賴都坦承了。然而，造神集團及部分信眾總是在某些言行上穿鑿附會以證明「靈童」轉世的事實，令當事人不得不將錯就錯地扮演到底。雖然這些喇嘛的傳記破綻太多，但達賴的信徒們對不合理論述，卻視若無睹或深信不疑：

> 在一些大喇嘛傳記中所見到的反映有關神通力等方面的文字，是難以使人相信的。……我們可以發現一種否認有關「化身」存在的理由。但是，在西藏，對五世達賴喇嘛之「化身」的存在表示疑問的觀點並沒有出現，實際上五世達賴喇嘛的自述本身就能否定「化身」的一般存在，可是這種疑念也不曾有過。[6]

這種狀況應歸咎於藏傳「佛教」四大派利用「四歸依」的附佛、造神的手段，來強化上師的崇拜（如前節所論），將「歸依金剛上師」置於佛、法、僧之上，令信徒誤信「**上師**」比三寶重要，甚至可取代三寶；並高推上師的證量是大成就者、大菩薩，因此沒有人敢對這些上師、活佛、仁波切有任何質疑，由此建立藏傳「佛教」四大派**依人不依法**—依喇嘛所說而不依佛陀所說正法—的傳統。

其次，被認證的靈童若眞是（已離「胎昧」）地上菩薩的轉世，應能自在地開啓並接續往世的證量，而不須從頭學起（案：例如平實導師被聖嚴法師全面誤導以後，捨棄此世所學而自己參究時，隨即發起往世的所證）。然而，這些所謂的靈童，卻要送往特定寺院中長期接受嚴格的教育，才能累積一些世俗的知識與聰明，「成佛」之後卻於三乘菩提的修證毫無成果，這是很顚倒的現象。而靈童被尋獲的年歲若較大，則沾染了許多世間習氣，必致寺院教育的失效，而培養出奇言怪行、驚世駭俗的活佛，如歷史西藏的六世達賴倉央加措、蒙古的七世與八世哲布尊丹巴[7]，及當代台灣的盛噶仁波切，都是典型的例子。若依西藏密宗四大派所說，這些活佛應該已離胎昧，縱然身在紅塵也不至於毫無自制，作出五欲凡夫的煩惱行。而事實上，這些活佛的身口意三業活動，是極端悖反正統佛法梵行而具足凡夫的貪欲，何況能具足三地菩薩滿心的證量？所以，活佛轉世可說是虛妄想的人爲施設。

一個滿身「靈氣」的靈童，並不當然成爲活佛，還須經過一些考察與驗證（雖然其中有太多的自由心證與人爲作弊）（案：也因爲作弊已成爲常態，才需要金瓶掣籤以解決紛爭），才能被僧俗接受、承認；且活佛仍須自幼接受嚴格的教導、修學，才有能力講經說法；由以上這些事實與活佛法王們對佛法認知嚴重偏差的事實，都可顯示活佛只是訓練有素的凡夫（活佛們並非佛教僧人，他們不曾領受比丘戒、比丘尼戒），其福德、智慧都很欠缺，卻被特定集團包裝、推拱為政教領袖，他們個人卻未必有才有德以承受之；例如號稱「觀世音」菩薩轉世之達賴世系中，青年（二十四歲）失位（處死或失蹤）的六世，而祕密早夭的有九世十一歲、十世二十二歲、十一世十八歲、十二世二十歲[8]，如此自身難保，成了派系政爭被操縱乃至毒殺的傀儡，如此無福無德之人，會是 觀世音菩薩轉世化身麼？且其名分權位須由抽籤產生、皇帝同意，而不是憑佛法上的證量，能有幾分「乘願再來」的可信度？這其中爭權奪利的黑箱，雖因宗教理論的包裝及政治制度的確立，而成了民眾不可思議（懷疑）的神話與禁忌，但對於同踞政教上層、同屬權力中心的階級，則彼此心知肚明：這一切神聖頭銜、神祕光環、神話詮釋，乃是凡夫而據高位者之所需，是神道設教的愚民政策，如乾隆的諭文：

> 向來藏內出呼畢勒罕（轉世靈童），俱令拉穆吹忠降神附體，指明地方，人家尋覓，……積習相沿，由來已久。朕思其事，近乎荒唐，不足憑信。拉穆吹忠往往受人囑託，假託神言任意妄指，而藏中人等因其事涉神異，多為所愚，殊屬可笑。此等拉穆吹忠即系內地師巫，多以邪術惑人耳目。……此等幻術，原屬常有。但即使其法果真，在佛教中已最下乘。若使虛假，則更不值一噱。其妄誕不經，

豈可仍前信奉？……即當將吹忠降神荒唐不可信之處對眾曉諭，俾僧俗人等共知其妄，勿爲所愚。[9]

活佛轉世的制度設計，從遺囑、占卜，尋訪、試驗，到認定、坐床，整個過程的勞師動眾、裝神弄鬼，勞民傷財，曠時廢日，只爲了妝點其活動、莊嚴其儀式，令民眾有參與嘉年華會或廟會齋醮的熱鬧與感動而已，並無宗教內涵的實質與必然性。所以，監管其事的乾隆皇帝深知其（拉穆降神既不可信，且易被操縱，「假託神言，任意妄指」，須改革）內幕，而連呼「荒唐、可笑、最下乘、不值一噱」，且既然是一種可操作性的施設，爲了表現帝王的權威及或然的機率，就頒布了「金瓶掣籤」法，既保留了神旨，也宣示了人意，完成了最後的認定。對乾隆而言，活佛的認定與授權，純屬人事，無關乎神佛，而所選任的靈童（活佛）也未必眞的是佛菩薩化身及前任喇嘛之轉世，這一切不過是西藏文化的人爲特殊景觀與傳統，可以延續、利用，但也須監控、改革[10]。茲舉兩個實例爲證：

四世達賴喇嘛，是西藏格魯派和蒙古碩特協商產生，之所以選定雲丹嘉措（阿勒坦汗之曾孫）是爲了維繫兩邊之關係，純乃政治結盟，與佛法無關。而六世與七世達賴的廢立，更是蒙、藏各方鬥爭的結果：五世達賴死後，先是第巴桑結私立倉央嘉措爲六世，康熙不得已承認；而蒙古的拉藏汗爲了爭奪西藏的控制權，殺害第巴桑結，並以不守戒律及第巴私立之罪名，廢倉央而改立意希爲六世；但青海蒙古部反對此舉，另立格桑為倉央的轉世——七世達賴；當時，滿清並未積極介入，直到準噶爾部攻入西藏，殺拉藏、廢意希，大肆劫掠，西藏及青海向清廷求援，康熙發兵，承認格桑為六世；雍正之後，乾隆繼位，應西藏之請，才確認倉央為六世、格桑為七世。由此可知，達賴六世與七世的廢立，全依當權者的私意決斷，而無關乎「觀世音菩薩」的化身轉世；因此，徒有虛名的「活佛」，只是世俗統治者的傀儡，其一生的處境與作為甚且不如一般凡夫，又何有三地滿心大菩薩的福德與證量？

又如近年來著名的「十七世噶瑪巴」雙胞案[11]：烏金赤列多傑由於有達賴喇嘛的認證，以及噶瑪噶舉派內的創古、泰錫度、嘉察的支持，似乎已為世人接受，而夏瑪巴所認證的泰耶多傑，卻被遺忘了。然而，按噶舉的傳統，夏瑪巴是最有資格認證噶瑪巴的人，黑帽噶瑪巴與紅帽夏瑪巴的關係，就如達賴與班禪，互相認證與支持，而創古、泰錫度、嘉察不該反對；但由於達賴喇嘛的非法介入，烏金赤列在其加持下成立；夏瑪巴一派則認為噶瑪巴的認證被強權染污了，若承認烏金赤列的地位，就等於噶瑪噶舉派被格魯派達賴收編了。在紛爭過程中，創古暗諷夏瑪巴「沒有認證的能力和神通，也沒有智慧，所靠的是世間的辯才和技巧。」[12] 這有如指控「班禪」不能認證「達賴」；為此，大多數的噶瑪喇嘛保持中立，因為他們深知夏瑪巴在噶舉派的地位。

從這兩例可知，各教派的歷代活佛，只是政權鬥爭的傀儡；活佛的認證條件，無關乎此人是否多劫修學佛法而厚積菩薩的智慧與福德，乃至無關乎是否前一世喇嘛的轉世；因此，對不聽話的活佛可任意的暗殺、替換，不同派的政敵也可各立活佛以對抗。捲入這類政治漩渦而任人擺佈的活佛，本質上是業力牽引、身不由主的可憐凡夫，自救尚且不能，如何傳法度眾？又如何有證量遠離胎昧、自在轉世？

（四）、達賴喇嘛的「轉世」爭議

十四世達賴是否繼續轉世？這問題已成了達賴集團與中國之間的政治角力，也是達賴喇嘛等人出走時未曾料到的未來難題。對達賴而言，既擔心由班禪來主持（達賴）轉世靈童的「認證」，且靈童坐床之後到長大、執政，這期間很多年的空檔，依傳統是由班禪來代理；而現任（十一世）班禪並未流亡，似乎也支持中國，對達賴很不利；將來達賴十五世靈童，依慣例也得由朝廷（中國政府）金瓶掣籤來決定，因此達賴不斷地拋出各種可能性，想要迴避這個窘境。馬顏克．西哈亞（Mayank Chhaya）曾問達賴「是否最後一任達賴喇嘛？」達賴答云：

> 我生前就可以指定下一任達賴喇嘛。……若我現在要圓寂了，我會先告訴藏人，

要不要轉世活佛全看他們。如果他們要，就會發生，如果他們認爲沒有十五世達賴喇嘛的必要，就不會發生。轉世是繼續你前生未竟的工作，如果他們覺得我的工作很重要，有意義，我就會轉世。[13]

達賴對這個問題的回應，是曖昧的（據說他心中並無特定的人選，且有可能轉世爲女子，可隨時代而改變）；而或許他已有定見，只是目前不公布。表面上是交付藏民決定，若有必要，他也可以打破舊制，生前就指定接班人，以免被北京自由指定。但這個想法引起許多藏傳「佛教」者的疑慮，他們認爲，沒有了各種神跡，下一世達賴喇嘛如何有統治的合法性？而達賴對於生前指定一位靈童成爲自己的下一世繼承人的事，他還沒有想到一個嚴重後果：那位被指定的靈童顯然不是達賴十四世自己。因爲他還沒死，還沒有投胎轉世。但他已經說出這種可能了，可見達賴喇嘛是個連基本邏輯都不通的愚癡人，怎會是 觀世音菩薩的轉世？造神運動的謊言到此也就不攻自破了。

根據先前的消息，達賴可能選定十七世大寶法王噶瑪巴爲攝政，而達賴的發言人也表示：「接班人選雖未最後決定，但任命攝政者的確是一項選擇」[14]。這似乎是不錯的選擇，但格魯派能同心協助噶瑪巴嗎？何況政府手中握有一張王牌，就是第十一世班禪加上金瓶掣籤；因此，達賴集團常向媒體投訴「中國假立班禪」一事，以免未來歷史重演。

另外，十四世達賴極力在塑造一種親民風格，讓人覺得他只是一個和善的老人，而不是高不可攀的活佛：「『我只是一個平凡僧侶』，這是第十四世達賴喇嘛丹增嘉措最常掛在嘴邊的話。」[15]、「有時，人們稱我爲活佛，但看完這部電影，你會明白，我只是一個再平凡也不過的佛教僧侶。」[16] 若從他的生平經歷及著作演講中去探討，可發現或證實達賴的確是一個身口意三業都很「平凡」的西藏出家人；他這樣說，既沒自謙，也沒虛僞，確實是表裡如一、貪瞋具足的凡夫；雖因環境與時代的因緣，他被捧成了西藏的政教領袖、活佛喇嘛，但這只是人爲施設的世俗職銜，不會因此就使他具有佛法上的證量，也不可能因此就能成爲眞正的「佛教法王」或擁有特異功能。筆者認爲，達賴既有這樣的自知，信眾就不須將他神化，以免陷他於不義、不實。或許，在這個極其世俗化的時代，一個平易近人的領袖，反而讓普羅大眾樂於接受。

但被宣稱是「觀世音菩薩」化身的大成就者，也曾對此默認的達賴，若只是個平凡無奇的老人，全無佛菩薩在佛法上的實證本質，豈不反證「活佛轉世」制度除了在世俗權力的繼承之外，並無所謂「菩薩再來，度眾利生」的意義？由此證實「化身、轉世」的商標，只是一種宣傳與愚民的手法而已；更何況大菩薩應該以慈悲利他爲己任，本應遠離政治權位，豈可捲入「西藏領導人」之權位爭執，而令數百萬藏民飽受動亂、不得安居之苦？

如前所說，歷代及現今的達賴喇嘛與其格魯派，都是依「應成中觀」而錯認

「意識」常住不滅的，其知見同於常見外道而更不如（案：常見外道尚知應該滅除欲界法，達賴喇嘛等應成派中觀弘揚者，卻都努力執著欲界法）。如達賴所云：「最細微的意識或意念是無始亦無終的，這是意念的最終本質。」[17]「我們的本性，淨覺的本智，是完全自然、本來就在、無需重新建立。它是我們早已擁有的意識本性，只要有意識在，它的本性就是洞澈一切的淨覺。……修持的要義就是不停地向內看，檢驗自己的心、自己的態度和行爲，然後成爲一個更好的人。」[18]之外，也主張男女雙修：「秘密集會檀陀羅裏，有關與明妃和合的章節中，說若與實體明妃行樂空雙運，才會成就眞正的身曼荼羅修行，如果僅與觀想中的明妃行樂空雙運，則其成就不大。」[19]在佛法的心識論中，第六「意識」恆與「五欲六塵」相應，是生滅無常的世俗法，達賴既是堅執夜夜都會中斷的「意識」爲本來就在的淨覺本智，卻不信知無始以來不曾中斷的「第八識」才是眞實常住之眞心者，必是欲界的凡夫外道，也才會淪墮於「欲貪爲道」的男女淫慾雙身法中，自作亦教人作，樂此不疲。因此，達賴喇嘛的確是不折不扣的密教凡夫，既不是十三世達賴的轉世，顯然也無能力決定自己的來生，更不夠格宣稱是「地上菩薩」的化身，何況僭稱是觀世音菩薩的化身。

由以上證據可知，藏傳「佛教」四大派錯認「意識心」常住而迷執「境界」法、貪愛「男女」欲，落於「斷、常」二邊邪見，且違犯「邪淫」戒及「謗三寶」；

種種的邪見、邪行、邪教導，破壞佛教正法的弘傳，成就了地獄種性，其心行果報更劣於人間凡夫，求人天之善果且不可得，何況斷我見以出三界？乃至證眞心而入佛門，進修般若智、道種智而具備三地菩薩之證量而離胎昧、得化身、自在轉世？因此，所謂「活佛轉世」的理論與事相，皆是西藏喇嘛的虛妄想、假施設。

太虛大師〈佛法僧義廣論〉云：

> 現在此世界有實德表現可當佛之尊稱者，是釋迦牟尼。……釋迦牟尼佛確是最高無上，覺悟諸法事理性相，無所不覺無所不知，再沒有能超過佛的了。……近人常以五方五佛表五智，其實佛是五智都具足的；平常又以此爲佛的法身，而不知法性身徧一切處無相無名。……學藏密者崇「多傑羌佛」——譯爲金剛持，現持金剛杵以降伏一切魔怨，是依佛大雄大力具足無量方便功德而言。一切如來都有金剛身。依釋迦牟尼佛表示報身之廣大功德聚，故有此多名，所以不得視爲牟尼以外的他佛。……這不過表示尊敬他們，想像他們爲諸佛應世而已。以法性而言：一切諸法本皆是佛，一切有情都有成佛的可能性，故一切眾生皆是未來佛。學佛者能明教理、正觀定慧，有相當功德表現，也可說是相似佛。平常所稱「活佛」，大概由此而來。若嚴格的從實際上說，必須是經三大無數劫圓滿大行，究竟極果，方可以稱之曰「佛」。故佛不得與流俗所稱的「活佛」，等視齊觀。[20]

1 第十四世達賴喇嘛著，陳琴富譯，《藏傳佛教世界》，立緒文化（台北），二〇〇四年十月，初版，頁一〇〇。

2 陳玉蛟著，《阿底峽與菩提道燈釋》，東初（台北），一九九一年四月，二版，頁二八一－二八二。

3 嘎·達哇才仁主編，《藏傳佛教活佛轉世制度研究論文集》，中國藏學（北京），二〇〇七年九月，初版一刷，頁八七。

4 馬顏克·西哈亞著，莊安祺譯，《達賴喇嘛新傳——人、僧侶，和神秘主義者》〈最後一位達賴喇嘛？〉，聯經（台北），二〇〇七年十月，初版，頁二〇三－二〇四。

5 湯瑪斯·賴爾德（Thomas Laird）著，莊安祺譯，《西藏的故事——與達賴喇嘛談西藏歷史》〈一、開天闢地〉，聯經（台北），二〇一一年四月，初版三刷，頁一五－一七。

6 《西藏的故事——與達賴喇嘛談西藏歷史》，頁八七－八八。

7 參見 蔡志純、黃顥著，《藏傳佛教中的活佛轉世》，頁六五。

8 周煒著，《佛界：活佛轉世與西藏文明》，第十五章〈初步確認靈童眞身〉，光明日報（北京），二〇〇四年一月，二版，頁二四六－二五三。

9 牙含章著，《班禪額爾德尼傳》〈第五章 七世班禪丹白尼瑪〉，西藏人民，一九八七年十一月，第一版，頁一五八。

10 周潤年，〈北京雍和宮御制《喇嘛說》碑文校錄考詮〉（西藏研究一九九一年第三期），《喇嘛說》云：「……其呼圖克圖之相襲，乃以僧家無子，授之徒，與子何異，故必覓一聰慧有福相者，俾爲呼必勒罕。幼而習之，長成乃稱呼圖克圖。此亦無可如何中之權巧方便耳。其來已久，不可殫述。孰意近世其風日下，所生之呼必勒罕，率出一族，斯則與世襲爵祿何異？予意以爲大不然。蓋佛本無生，豈有轉世，但使今無轉世之呼圖克圖，則數萬番僧無所皈依，不得不如此耳。……然轉生之呼必勒罕出於一族，是乃爲私。佛豈有私，故不可不禁。茲予制一金瓶，送往西藏，於凡轉世之呼必勒罕，眾所舉數人，各書其名置瓶中，掣簽以定。雖不能盡去其弊，較之從前一人之授意者，或略公矣。……」

11 http://www.mzb.com.cn/html/Home/report/348073-2.htm
〈大寶法王十七世雙胞 明星信徒各擁其主〉，TVBS，二〇一二年四月三十日：由於不同活佛認證，大寶法王十七世有兩位，一是不丹奉爲國師的泰耶多傑，今年二十九歲，唇紅齒白，信徒說他是最帥的法師；另一位是烏金赤列，二十七歲。兩位十七世大寶法王，都有不少演藝人士追隨，信徒各擁其主。
http://www.tvbs.com.tw/news/news_list.asp?no=nunumt198720120430192535

12 參見 創古仁波切訪談錄：關於大寶法王之糾紛
http://www.karmakagyu.org.hk/home/teachings/teachings_03.html

13 馬顏克．西哈亞著，《達賴喇嘛新傳——人、僧侶，和神秘主義者》〈最後一位達賴喇嘛〉，聯經（台北），二〇〇七年十月，初版，頁二〇二。

14 〈達賴轉世靈童 挑選問題難解〉，中國時報，二〇〇九年二月二日。http://www.coolloud.org.tw/node/34701

15 長田幸康著，趙韻毅譯，《從零開始認識達賴喇嘛》，漫遊者文化（台北），二〇一〇年六月十四日。
http://www.books.com.tw/exep/prod/booksfile.php?item=0010471997
莊耀輝，《達賴喇嘛：我是個平凡僧人》，圓明（台北），一九九七年三月。

16 《達賴的一天 DVD Sunset/Sunrise: Dalai Lama XIV》，主演：丹增嘉措，導演：維塔力曼斯基，發行：二〇一一年一月一日。
http://www.books.com.tw/exep/prod/dvd/dvdfile.php?item=D020035597

17 達賴喇嘛著，項慧齡譯，《幸福的修煉》，橡樹林（台北），二〇〇二年十一月，初版五刷，頁三九。

18 達賴喇嘛著，《大圓滿》，心靈工坊（台北），二〇〇四年四月，初版六刷，頁一二一。

19 達賴喇嘛著，《喜樂與空無》，唵阿吽（台北），達賴喇嘛新傳——人、僧侶，和神秘主義者一九九八年三月，初版一刷，頁一三七－一三八。

20 太虛大師著，釋印順主纂，《太虛大師全集-佛法總學（一）》，〈佛法僧義廣論-民國二十四年十一月在中國佛學會鎮江分會講〉，善導寺（台北）印行，一九三〇年一月編述，頁二八九－二九四。

第五章、結論

本文探討了西藏「活佛轉世」的起源及方式，確定前後活佛的兩世之間，毫無相續的（佛法證量上及往世經歷的）記憶，由此可證實密宗的所有「活佛」都不具有三地菩薩滿心「正知」入、住、出胎的能力；因此，活佛轉世的理論根據及活佛生前的言行表現，都無關乎佛法的義學與實證，而純是世俗法的地區性政治文化產品，只能從西藏獨特的歷史、政治、信仰、思想中去理解。

在眞正的佛法中「活佛」須有三地以上的證量，才能確保一世又一世的正知轉世而不中斷，也才只能自稱爲菩薩而非活佛。而藏傳佛教的核心教義—無上瑜伽—是悖離佛教正法而與印度教中的性力派邪法合流的，因此，藏傳佛教「活佛」的起源與理論，不能從佛法得到印證；從「活佛轉世」的起源與發展，可確定是爲了維繫教派之「政、教」權力而建立的「繼承」制度，根本上乃貪著世俗法的設計，卻以附佛、造神的手段而崇高之、鞏固之；然而，其理論根據如靈魂外寄、遷識奪舍、上師崇拜、化身轉世……，幾乎都是荒謬或扭曲的，是對外對下的自神其教與謊言愚民而已；這些黑箱作業的內情，在西藏解放之後，由於教育普及、民智漸開而現代化的衝擊中，剝除了神聖的光環；各層級「活佛」普遍而快速地趨於世俗化、凡夫化等事實中，可以見之。當代的中、西方學者在考察相關文獻及接觸各派喇嘛之後，提出了許多客觀而中肯的看法，有助於我們撥迷霧而見眞相。如 June Campbell 云：

西藏人對喇嘛非常恭敬。他們的權力主要是建立在錯綜複雜、極具影響力的制度上，經過幾個世紀的發展，該制度賦予了某些高階喇嘛及其繼承者幾乎神化的身分。這種透過轉世的繼承制度——活佛（tulku）（藏文爲 *sprul ku*）制度，成爲確保喇嘛們得以在西藏生活的社會、政治、宗教以及神祕領域掌握權力的一個獨特方法。

在西藏的活佛制度中，喇嘛手中同時握有宗教和世俗的權力，該制度根源於世代相傳的宗教儀軌和灌頂；「由『資深的男性』弟子傳遞給『資淺的男性』弟子，並形成了家族世襲系統。」這種由宗教創始者發明的制度本身，對於維護整個舊西藏宗教和社會體系是至關重要的。

任何轉世喇嘛都被定義爲天生具有知曉一切事物的能力，加上該宗教中密集編碼的圖像學和儀軌形式，共同創造了有關喇嘛絕不犯錯且萬能的神話。[1]

June Campbell 是蘇格蘭的宗教哲學家，曾在一座西藏喇嘛寺廟裡待了十年，比任何一位西方人更深入喇嘛教信仰中的神祕高層；後來她擔任卡盧仁波切七〇年代旅遊歐美的隨身翻譯。就是在那之後，卡盧仁波切要求她成爲性伴侶，與他共修雙身法。因此，她的著作可理解爲一種核心的描述、經驗的告白。

另如中國藏學的研究者，除了正文中引用的論文之外，也有許多對「活佛轉世」全面性的論述，如郭洪紀云：

經過前期的發展演進，崇拜活佛的觀念在其靈魂轉世說以及政教合一體制的基礎之上得以創立並逐步穩定下來，「活佛」便成爲寺廟領袖及其繼承人的特稱。……這種活佛轉世制度把地方政權與宗教的利益結合了起來，並且把政權與宗教的勢力集中到一人身上，使其政教合一制度更加完備。同時又解決了政教合一系統中領導權的繼承問題，……它滿足了當時社會的需要，解決了西藏農奴制下的神權制度統治與精神文化控制如何結合的問題，穩定了社會，但是從文化角度來講，它卻阻礙了文化的繁榮和發展。……使其陷入了封閉、保守、僵化的泥潭。總的說來，活佛轉世制度對西藏的社會歷史發展產生了極爲重要的影響。以活佛崇拜爲核心的神權政治長期禁錮了人們的思想，從而把西藏的落後農奴制度推上了頂峰。在這種神權、教權相統一的政治格局下，藏族人把事實上的社會不平等看成是超自然力量的決定，從而使得貴族農奴主對農奴的剝削變成了神的支配，進而更加肆無忌憚。因此，它嚴重阻滯了藏族社會政治的進步。[2]

這段話極爲詳實而眞切，西藏的「活佛」崇拜，是建立在靈魂轉世以及政教合一的基礎上；「活佛」是各自「寺廟」的領袖及繼承人，各教派藉由這個神話與制度而成立了「寺院」中心的統治集團，兼掌其派系的教權與領地的政權。西藏這種獨特的神權崇拜，有別（違背）於印度、漢傳的佛教系統，是藏民現實生活的支撐，滿足了民眾的心理寄託；藏胞將活佛視爲人生的最高理想與終極價值，對活佛的膜拜也成了人們自我實現的行爲。但也由於「三位一體」的集權、兼併，於是藏胞不知不覺之間成爲俎上肉，禁錮、奴役等強制性手段與政策便緊緊綁住了藏胞幾百年；雖結構上穩定了社會的秩序，但功能上阻礙了文化發展，使西藏長期陷入了封閉、保守、僵化，藏胞也就淪爲農奴了，直到西藏解放才改觀。姚麗香云：

西藏佛教從一開始，都是由各個時代的支配者，或是權力者所形成的，也就是各時代的權力者爲助長或強化其權力的利用工具。……喇嘛在西藏歷史的流程中，雖一面受到權力者的利用，一面卻浮現於歷史的表面，並深得一般民眾所信仰支持，因此在不知不覺中紮下根，成爲西藏政教合一特色的法王制。……轉世活佛是西藏佛教的領袖，它兼具覺者、圓滿上師、受人敬愛和信任的指導者、佛法護持者的諸多角色。……有的研究者也將這種信仰解釋爲僧人爲鞏固和確保本身延續下去的權力而編造的詮釋。[3]

佛教傳入西藏的歷史，確如姚麗香所說，是西藏各時代的統治者強化其權力的工具，從松贊干布到達賴十四，前弘、後弘千餘年，佛教的法理在西藏幾乎不曾被正確的理解與實證（案：在藏傳佛教中曾有實證佛法而眞實理解佛法的教派覺囊巴，卻被達賴五世以政治手段消滅了；從那時開始，眞藏傳佛教即已無復存在；直到近代覺囊巴開始復興，重新印行他空見的論著等，才顯示藏傳佛教的初步復興），而是伴隨著更強烈的政治動機與五欲需求而被利用、被扭曲，而雜糅改造爲「欲貪爲道、即身成佛」的藏密——喇嘛教；其最高成就是「政教合一」與「無上瑜伽」，而統合集成於「活佛」及其「轉世」制度上，可謂西藏版的「內聖外王」；雖也刻意地附佛名相以自神其教，令人崇仰禮拜而不敢思議之；若究其教理行持之本質，則不離乎粗重的欲界世俗法之貪執，墮落於印度教分支的性力派淫慾大貪中，自身淫亂六親還加以推廣，遠不如一個遵守善良風俗的凡夫俗人。活佛一生的努力都在塑造個人的完美形象（兼具多種高尚的角色），以接受民眾的崇拜、供養，享盡世間的一切榮華富貴，更妄想死後再生（投胎或奪舍），接續前世的產業與享樂，這可說是極端的癡人說夢，更以此不可能的任務而自欺又欺人。班班多杰云：

活佛轉世則是寺院集團爲了解決其首領的繼承問題，把佛教的輪迴說、菩薩觀及化身說等同藏區的世俗政治傳承制巧妙地結合起來的一種制度。……藏族社會的政權繼承方式曾經歷了三個階段，一是吐蕃時期的以血緣關係爲紐帶的世襲制；

二是後宏期以後出現的伯侄繼承制；三即是在師徒傳承的基礎上發展起來的活佛轉世制度。活佛轉世制度是前幾種制度上的進一步發展，其產生與特定的政治和經濟條件密切相關。……以金剛乘爲基礎的噶瑪派吸取了以往的經驗教訓，創立了活佛轉世制度，解決了政教合一制度下選擇繼承人問題。……其他宗派紛紛仿效，逐漸成了藏傳佛教的主要特徵之一。隨著活佛轉世制度的發展和完善，政教兩種權力在活佛身上高度集中，鞏固了西藏的政教合一制度。4

這段引文提及：「**佛教傳到西藏之後，逐漸與世俗政治權力相結合**」，吐蕃時代，佛教就是爲了政治目的（對抗苯教）而引入西藏的。元代，薩迦派確立了政教合一的家族分工：長子出家爲僧，掌教權；次子娶妻生子，握俗權；再由長侄繼承伯父的衣缽，這不僅違背了宗教法統，也難免於家族內訌。於是，帕姆竹巴取而代之，不久又重蹈覆轍；最後，才由噶瑪噶舉開創了「活佛轉世」制度，而成就了完美的定局；有人說，宗教與政治是活佛轉世的思想內因與社會外緣。而實質上，它主要是一種「**權力的繼承**」方式，且可解讀爲「佛教」在西藏日趨下流（爭權奪利、貪淫濫交）的「**世俗化**」具體表現。且看（活佛轉世的最高代表）達賴十四在《西藏的故事——與達賴喇嘛談西藏歷史》書中的辯解：

自從白觀音協助藏人由野獸生活進化後，就不斷地化身成人形，引導他們。藏人並不認爲達賴是一世達賴喇嘛的第十四代化身，而認爲他是白觀音菩薩的第十四次化身。……藏人相信白觀音出於憐憫，也因佛陀囑他這樣作，因而來度化西藏。[5]

有些達賴喇嘛是文殊菩薩的化身，有些則是觀音菩薩的化身；……我覺得自己可以說，我和前世諸位達賴喇嘛有某種連結，和幾位先前的大師，和觀音，或甚至和佛陀。……由對五世達賴喇嘛或其他大師的虔誠、信仰、或信念，這些連結促成了人的誕生或新的生命，讓五世達賴的工作得以延續。[6]

這段充滿了神話與神祕的自述，很難爲活佛轉世的眞實性與合法性作證。因此，他在面對以科學理性爲主導的西方人之詢問時，也只能以「我覺得」、「可以說」、「不很確定」的語氣來閃避；雖然，他也提起這制度的弊端：「轉世的制度有其負面之處，那就是財富藉此累積，包括寺院所擁有的農奴，結果造成不少人受苦。」但，隨即又辯護地說：「這個制度可以保守傳統（保護了性靈的傳統）」，也就是說，起初的轉世化身是「純性靈的」，後來卻腐化而「牽扯到金錢、權力、和齷齪的政治」；這是達賴在人前人後心口不一、巧言佞色的一貫作風，令人不知哪些才是事實，哪些才是眞話？[7] 達賴十四於最新出版的小書中云：

喇嘛與祖古是有區分的：……聞思修達到具格的程度才是喇嘛。有些祖古修習未合格，但因前世的名聲，在社會中享有一定的地位，自身卻沒有任何喇嘛的功德。此外，還有很多敗壞風氣者。……從歷史發展上看，達賴喇嘛制度只是藏人在某一時期內的習俗，與眞正的佛教文化並沒有關係。……先有西藏文化（一千三百年），才出現達賴喇嘛（政教合一）的制度（四百年）。[8]

達賴這段話若是說眞的，就可證實筆者的論點：「活佛」是西藏的世俗文化產品，卻與「佛法」無關；因此，從古至今，一切徵引佛教思想爲活佛轉世之「理論根據」的論述，都是錯解、無效的。林冠群談到西藏僞史之不可信云[9]：

> （西藏）僧侶爲免重蹈毀佛覆轍，在掌握了著史權以後，以維宗教史觀爲本，在一切爲宗教的前提下撰寫歷史，製造了大量的僞史與假史，諸如：松贊干布爲觀世音菩薩化身、文成公主雪國公主皆爲度母化身、三人同時化爲光團融入觀世音菩薩胸口……。土著觀點竟大部屬怪誕不經的神鬼觀，以及完全不符史實的論述，此即西方人所謂的 Tibetan idea（西藏觀點），卻仍然有許多信服者。……按西藏人的觀念，歷代達賴喇嘛均屬觀音的轉世，目前雖已有十四代，但其實是同一，是以十四輩達賴的歷史理念，雖經二十一世紀全球化的洗禮，卻仍執著於神鬼觀，……第五輩達賴與十四輩達賴前後輝映，反映出彼等對歷史的看法與描述，似大都經不起原始史料的驗證。

在信仰上，一般的情況是：信者信其所信，不信者疑其所疑，很難有交集；在不信者看來，極其明顯而可疑的言行破綻（錯誤與荒誕、經不起史料的驗證），在信者來看卻另有解釋而不改其信；西藏史書與密續中有關活佛轉世的論述，就是現成的例子——除了搞神祕之外，毫無經教與史實的根據，說他是一種「宗教」現象，不如說是「政治」制度，也只施行於政教合一的地區；當權者爲了有效掌握政權，不讓外人窺視、取代，而借宗教名義，揑造了一套複雜而神祕的遺囑、啓示、神諭、占卜、觀察、解夢……等儀式，而主持這些儀式者就是當權派或同路人，整個過程是黑箱作業，私下進行，他人不得插手，亦不知其詳。事成之後，才由他們統一對外公布，所謂官方說法—民可使由之，不可使知之—並無第二者或第三者能質疑之、勘驗之。因此，當權派得以一代又一代不受挑戰，穩坐政教「法王」〔案：藏密是鬼神教，只配稱爲神王；在佛教中，只有成佛說法者才是法王。〕的江山！

這種情況，只可能發生在「知識」封閉，「民主」未興的地區，而知識普及與民主是活佛的霸權所忌諱的，因此，西藏神王善於借地理環境的隔絕及宗教信仰的箝制，長期將藏胞囚禁在無知與崇拜的雙重弱勢中，以遂其政權永續、專制經營的美夢（陰謀）。從佛教的輪迴說，除了少數乘願再來的菩薩以外，娑婆世界的眾生都是帶業「轉世」來的，業報雖不同，都是一時一世的顯現；來世如何，還不一定，誰能保證當權者永遠轉世爲當權者，而老百姓總是永遠投胎爲老百姓？更何況，盜用佛法名相，修持鬼神祕術，於教義及儀式中公然宣導殺生祭祀、邪淫供養，及毀謗正法、妄語成佛……這樣的極重罪業，死後又如何得以再世爲人而重操舊業（掌權）？如今，西藏已開放、資訊也暢通，藏民有足夠的眼界、知識及權利，可以審查達賴集團這一套充滿了人爲、特權、貪婪與欺騙的「**制度**」，必將重新給以現實的定位；而回歸正統佛教的知見，重拾每一位藏胞應有的平等爲人與學佛成佛的權利。

活佛轉世制度的起源與盛行，與當時西藏地區各教派、地方政權、外來勢力間的競合有關，最主要的考量，在於完整地轉移前任喇嘛所建立的威望及龐大的財產，以確保該教派的影響力，甚至擴大在宗教、政治、經濟上的地位與利益。然而，事實上，每一世活佛都不是同一個人轉世，而是各教派與政府妥協之後，再以掣籤而選定某人繼任；因此，活佛轉世的制度是經過演化而產生的，不具有同一人轉世的實質。在政教合一的制度下，諸教派的主要活佛也是政治上的領導人，由於藏傳「**佛教**」四大派，利用四歸依、三昧耶戒（不能每天修雙身法即是犯戒，每天修雙身法即是持戒清淨的「密宗專有戒條」）、上師相應法等手段，讓信徒對上師深信不疑或心生恐懼；因此，「**活佛轉世**」制度是西藏附佛、造神之歷史過程的代表作。

從化身到轉世，乃世俗化的過程，爲的是合理取得人間身分與權力，雖借用佛教名相與理論，卻無相應於佛法的修行證量，而又扭曲事實、巧立名目，乃至於「**密有別裁，非關佛也**」，另起爐灶，自我標榜；轉世的預記與認證，關乎世俗的權力與利益，其決定權不在活佛本人，而是利益共同體的掌權集團，他們視活佛爲奇貨可居，而操縱之如傀儡，乃至爭奪之如財產。這可說是一齣又一齣角色扮演的政治劇，從遺囑、占卜、觀湖、尋訪、認證、掣籤、坐床……一系列耗時費心、勞民傷財的儀式，表面上似乎極其莊嚴愼重，而過程中假借神意的人爲（權謀）操作，才是重點，展示了上位喇嘛的特權宣告，與貴族集團的利益爭奪，這些有組織而龐大的人爲外力介入，反而讓整個儀式與制度充分的世俗化、複雜化、多變化，是一群利益共同體自編、自導、自演的神祕劇或胡鬧戲，只爲了遮掩或裝飾這一件行之有年而虛有其表的「靈童選秀、活佛轉世」嘉年華會！若眞是佛菩薩轉世，必能自知自覺自作證，或從始至終密而不宣，卻能有三乘菩提的智慧與禪定等證量顯示出來；但活佛轉世卻非如此，原始動機是私欲，爲了鞏固少數人（家族、集團）的既得利益，不願被外來因素所侵奪或瓦解，所以設計成「一人」不斷地在同一個宗教單位中死而復生，獨裁繼承（獨占）沒完沒了，這是何等地貪婪與執著？一如秦始、漢武之延壽，或封建皇帝集權之世襲，總不外乎貪得無厭，但爲了掩飾其私心、杜絕他人評論，而借用了（斷章取義、扭曲變造）佛教思想及巫術儀式，將此事包裝得神祕莊嚴，並明令公布而制度化，令人不敢質疑與挑戰。

最初只是一家一派（噶瑪噶舉）的創制，有其特定的想法與背景，難免被指點或存疑；然而行之有效且越來越完備之後，引起其他教派的模仿與修飾，成了一種西藏地區的潮流（運動），也就地合法；隨後加上中國政權（漢族王朝元、明、清）

的扶持與追認，就成了現在特殊文化（政治與宗教）的歷史定制，似乎是一種自然而然、水到渠成的景觀。

西藏密宗四大教派妄認「**意識**（細）**心**」爲眞實，然而此心相續（意識續流）所面對的必然是五欲六塵的「**世俗**」境界，而此意識之緣生緣滅所造成的無常虛幻感，反過來讓密宗行者否定眞實法（第八識）的存在，而以一切法空的斷滅見去追逐刹那生滅的意識流及五欲相，將有限的心力浪費在以幻修幻，試圖以一念不生（定境）、制心觀想（圖像）、長時唸誦（經咒）、性交不洩（男女雙修），……來固定六塵影像（內相分），冀以人爲之力強制不動，當作恆常不變的實相；這是一種企圖將有生必滅的虛妄法轉變成無生無滅的實相法，於佛法的修證終將徒勞無功的悲劇性努力，最終不僅一無所成，乃至因虛妄執著、悖離佛法而於死後淪墮三惡道。「**活佛轉世**」就是這種「**變相求長生、自欺享淫樂**」，永不放棄塵世五欲之強烈貪著的集大成。

但願眾生得離苦，好事何必皆我來！爲何死守一寺一支一派一地的權利，數十代轉世？何況，世間的多代轉世未必是同一人，顯教經典、密教續論皆無此種世世轉世的預記，密宗四大派又何須自創？活佛轉世的制度只爲了鞏固一家族、一教派的集團利益，成千上萬的大小活佛綿延不絕，成了藏胞經濟上的負擔，對民眾有何利益？

當這個制度隨著達賴十四等西藏政教領袖出走（流亡）到西方國家之後，西藏地區神權封閉的舊傳統，必將被現代人權開放的價值觀所檢討與改變，如 June Campbell 云：

西藏文化傳統所面臨的最大危機就是其宗教制度是否能延續……。這些把持著極大宗教與政治勢力的轉世喇嘛（稱爲活佛 *tulkus*，藏文爲 *sprul sku*），**往往藉由人們共同信仰於他們的神性來維持其在西藏文化中的地位。西藏人已經開始選擇西方男孩作爲死去的西藏喇嘛之轉世，讓他們登上權位並領導全世界藏傳佛教的寺院和宗教中心，……。**

這個制度在西方文化中將會有所演變而顯示以下的徵兆：在西方世界存在的藏傳佛教不可避免地將會拋棄目前的活佛制度，而且人們將會檢視該哲學中所崇奉的平等主義原則。（June Campbell 原著，呂艾倫譯《空行母——性別、身分定位，以及藏傳佛教》，正智出版社。）

對於此事，平實導師亦曾云：

時移勢易，密宗主要弘傳者皆已流亡海外，並因政治野心——欲使西藏獨立、欲回復政教合一之制度，而被禁止返回西藏。……密宗流亡海外之上師、法王、活佛⋯等人，便又開始編造神話，於將死之時，向人謂言：死後將投生於外國，以外國人之身份出現於人間。所以後來便有圖騰耶喜喇嘛死後之轉生爲西班牙

兒童「歐澤．利他．托里斯」之神話故事出現。如是轉生之事，其實只是依照事先安排之劇本而表演之故事罷了，目的只是藉此在西洋人之中建立彼等對於西藏密宗之信心而已；然後於覓得適合之兒童後，另行編造種種渲染附會之說、取信於人，並非眞實轉生。何以故？謂彼等尚未能證般若慧，尚未能入四地心，云何能有預知往生處所之能力？何況彼等悉以外道邪淫之法而改易佛教正法，皆是破壞　佛之正法者，不墮地獄已屬甚難之事，焉能隨意轉生而預知之？焉能自己作主而履行之？（平實導師著《狂密與眞密》第四輯，正智出版社。）

這段話可作爲「活佛轉世」之定評與結論。達賴喇嘛流亡印度後，利用傳統權力及國際情勢之夾縫，縱橫捭闔、沽名釣譽，從中牟取種種財利，並藉著西方人對東方文化的神祕嚮往，將藏傳假佛教四大派的仿冒佛法弘傳到歐美各國，擴大了信仰的受害者，也加速了佛教的亂象。而復興藏傳佛教的要務，就是儘速復興覺囊巴的他空見法義，儘快從往其實證的層面加以推廣，卻必須同時拆穿達賴集團的假面具。

1 June Campbell 原著，呂艾倫譯《空行母——性別、身分定位，以及藏傳佛教》，正智出版社。

2 郭洪紀著，〈藏傳佛教信仰體系與神權政治特質〉。http://hk.plm.org.cn/gnews/2011217/2011217223817.html

3 姚麗香著，〈藏傳佛教在臺灣發展的初步研究〉，《佛學研究中心學報》第五期，二〇〇〇年，頁三一五－三三八。http://ccbs.ntu.edu.tw/FULLTEXT/JR-BJ011/93567.htm

4 班班多杰著，〈走近活佛——評諾布旺丹新作《生命之輪》〉，《法音》一九九九年第四期。http://zt.tibet.cn/t/040520xztsyx/200402004520155020.htm

5 湯瑪斯・賴爾德（Thomas Laird）著，莊安祺譯，《西藏的故事——與達賴喇嘛談西藏歷史》〈緒論〉，聯經（台北），二〇一一年四月，初版三刷，序頁二三。可參閱原書頁三一五另一段補充：西元前四八三年，佛陀於北印度臨終之際，觀世音菩薩屈身在他身旁，請求他不要滅度，因爲他還未巡訪西藏。……藏人「尚未受你眞言的保護，請你爲了這些緣故留下來，」觀世音菩薩說道。「這個北方雪的國度，目前是只有野獸的國度。」佛陀回答。「那裡甚至連人類的名字都還沒有……將來，那裡將被你轉變。首先，你要以菩薩的身份轉世，保護你信徒的世界，然後用信仰聚集他們。」……彩虹象徵著每一名藏人與白觀音之間牢不可破的關係。達賴說，壁畫中的彩虹是存在於藏人及其守護神間「正向業力的連結」象徵。不論是觀音化身爲猴子，或是把他自己的能量送入猴子體內，這個神話都代表了藏人信仰的基礎。白觀音是所有藏人性靈之父，而他也持續化爲人形，引領他的子民。（《西藏的故事——與達賴喇嘛談西藏歷史》〈一、開天闢地〉，頁二一－五）

6 同上註，頁一五－一七。

7 該書第八十九頁引了 Melvin Goldstein，《達賴喇嘛與中國：西藏問題的解決之道》（香港・明鏡，二〇〇五年）的話：「在各派宗教為爭取信徒而激烈競爭的世界，轉世化身這種形式在宗教和政治兩方面都有極大的利益，而且很快成為西藏宗教的一環。化身代代相傳，就像企業一樣擁有財產、農民，世世代代都有合法的繼承身分。」可說是對這個制度最如實的註解。（同上註，〈五、佛法重興，百家爭鳴〉）。

8 第十四世達賴喇嘛著，朗望扎熙格西、蔣揚仁欽等譯，《達賴喇嘛有問必答》，雪域出版社，西藏宗教基金會印贈，二〇一二年八月，初版一刷，頁八七—八九。

9 林冠群，〈「大西藏」（Greater Tibet）之商榷——西藏境域變遷的探討〉，蒙藏季刊二十卷三期，二〇一一年九月，頁三六—三七。

參考書目

專書

1. 嘎・達哇才仁，《當代藏傳佛教活佛：信徒認同和社會影響》，中國藏學（北京），二〇一〇年七月。
2. 釋聖嚴，《印度佛教史》第十二章，法鼓文化（台北），二〇〇二年十一月。
3. 劉貴傑，《佛學與人生》，五南圖書（台北），一九九九年。
4. 佐佐木教悟等著，釋達和譯，《印度佛教史概說》，佛光（高雄），一九九〇年，三版。
5. 尕藏加，《西藏佛教神秘文化——密宗》，西藏人民出版社，二〇〇六年四月一日。
6. 陳慶英、陳立健，《活佛轉世及其歷史定制》，中國藏學（北京），二〇一〇年。
7. 蔡志純、黃顥，《藏傳佛教中的活佛轉世》，華文（北京），二〇〇七年一月，初版二刷，頁一〇。
8. 王俊中，《五世達賴教政權力的崛起》，新文豐（台北），二〇〇一年十一月，初版。

9. 嘎・達哇才仁主編，《藏傳佛教活佛轉世制度研究論文集》，中國藏學（北京），二〇〇七年九月，初版一刷。

10. 諾布旺丹，《藏傳佛教活佛轉世》，大千（台北），二〇〇二年八月，初版。

11. 蔡志純、黃顥，《藏傳佛教中的活佛轉世》，華文（北京）二〇〇七年一月，初版二刷。

12. June Campbell 原著，呂艾倫譯，《空行母：性別、身分定位，以及藏傳佛教》，正智出版社（台北），二〇一二年八月，初版二刷。

13. 圖敦・耶喜，《藏傳密續的眞相》，橡樹林（台北），二〇一二年九月。

14. 鐘金芳，《西藏佛教轉世制度之研究——以化身概念爲主之探討》，華梵大學東方所碩士論文（台北），二〇〇八年。

15. 達賴喇嘛著，陳琴富譯，《藏傳佛教世界》，立緒（台北），一九九八年六月。

16. 陳玉蛟，《阿底峽與菩提道燈釋》，東初（台北），一九九一年九月，再版。

17. 湯瑪斯・賴爾德（Thomas Laird），《西藏的故事——與達賴喇嘛談西藏歷史》，聯經（台北），二〇〇八年七月十日。

18. 周煒，《活佛轉世與西藏文明》，光明日報（北京），二〇〇四年一月。
19. 牙含章，《班禪額爾德尼傳》，華文（北京），二〇〇七年七月。
20. 盛噶仁波切，《我就是這樣的活佛》，平安（台北），二〇〇六年一月六日。
21. 馬顏克·西哈亞，《達賴喇嘛新傳——人、僧侶，和神秘主義者》，聯經（台北），二〇〇七年十月十六日。
22. 長田幸康，《從零開始認識達賴喇嘛》，漫遊者文化（台北），二〇一〇年六月十四日。
23. 莊耀輝，《達賴喇嘛：我是個平凡僧人》，圓明（台北），一九九七年三月。
24. 達賴喇嘛著，項慧齡譯，《幸福的修煉》，橡樹林（台北），二〇〇二年十一月，初版五刷。
25. 達賴喇嘛，《大圓滿》，心靈工坊（台北），二〇〇三年五月。
26. 達賴喇嘛，《喜樂與空無》，唵阿吽（台北），一九九八，一版一刷。

論文

1. 蔡志成、張火慶，〈空行母悲歌——女性在藏傳佛教的角色與命運〉，正覺學報第五期（台北），二〇一一年十二月。

2. 姚麗香，〈藏傳佛教在台灣發展的初步研究〉，佛學研究中心學報第五期（台北），二〇〇〇年。

3. 劉滌凡，〈敦煌寫卷中土造經的救贖思想〉，中華佛學學報第十四期（台北），二〇〇一年。

4. 陳兵，〈論附佛外道〉，《佛教文化》一九九九年第五期．總第四十三期 http://www.buddhism.com.cn/fjwh/9905/03.htm

5. 孫林，〈藏傳佛教的本地化及其早期特點〉，西藏大學學報二十三卷第一期，二〇〇八年二月。

6. 張云，〈舅甥關係、貢賜關係、宗藩關係及「供施關係」——歷代中原王朝與西藏地方關係的形態與實質〉，中國邊疆史地研究二〇〇七年一期。

7. 降邊嘉措，〈古代藏族的靈魂觀念與活佛轉世制度〉，中國藏學一九九五年第二期。

8.巴桑羅布，〈活佛轉世傳承的文化內涵〉，《西藏研究》一九九二年第二期。
9.廖祖桂、陳慶英、周煒，〈論清朝金瓶掣簽制度〉，《中國社會科學》一九九五年第五期。
10.陳慶英，〈論產生活佛轉世的思想基礎〉，《西藏民族學院學報（哲學社會科學版）》二〇〇八年五期。
11.班班多傑，〈走近活佛——評諾布旺丹新作《生命之輪》〉，《法音》，一九九九年第四期。
12.林冠群，〈「大西藏」（Greater Tibet）之商榷——西藏境域變遷的探討〉，蒙藏季刊二十卷三期。

佛菩提二主要道次第概要表——二道並修，以外無別佛法

佛菩提道——大菩提道

遠波羅蜜多

資糧位

十信位修集信心——一劫乃至一萬劫

初住位修集布施功德（以財施爲主）。
二住位修集持戒功德。
三住位修集忍辱功德。
四住位修集精進功德。
五住位修集禪定功德。
六住位修集般若功德（熏習般若中觀及斷我見，加行位也）。

外門廣修六度萬行

見道位

七住位明心般若正觀現前，親證本來自性清淨涅槃。
八住位起於一切法現觀般若中道。漸除性障。
十住位眼見佛性，世界如幻觀成就。

一至十行位，於廣行六度萬行中，依般若中道慧，現觀陰處界猶如陽焰，至第十行滿心位，陽焰觀成就。

一至十迴向位熏習一切種智；修除性障，唯留最後一分思惑不斷。第十迴向滿心位成就菩薩道如夢觀。

內門廣修六度萬行

初地：第十迴向位滿心時，成就道種智一分（八識心王一一親證後，領受五法、三自性、七種第一義、七種性自性、二種無我法）復由勇發十無盡願，成通達位菩薩。復又永伏性障而不具斷，能證慧解脫而不取證，由大願故留惑潤生。此地主修法施波羅蜜多及百法明門。證「猶如鏡像」現觀，故滿初地心。

二地：初地功德滿足以後，再成就道種智一分而入二地；主修戒波羅蜜多及一切種智。滿心位成就「猶如光影」現觀，戒行自然清淨。

解脫道：二乘菩提

斷三縛結，成初果解脫 ←

薄貪瞋癡，成二果解脫 ←

斷五下分結，成三果解脫 ←

入地前的四加行令煩惱障現行悉斷，成四果解脫，留惑潤生。分段生死已斷，煩惱障習氣種子開始斷除，兼斷無始無明上煩惱。

圓滿成就究竟佛果

佛子蕭平實　謹製
（二〇〇九、〇二　修訂）
（二〇一二、〇二　增補）

近波羅蜜多

修道位

三地：二地滿心再證道種智一分，故入三地。此地主修忍波羅蜜多及四禪八定、四無量心、五神通。能成就俱解脫果而不取證，留惑潤生。滿心位成就「猶如谷響」現觀及無漏妙定意生身。

四地：由三地再證道種智一分故入四地。主修精進波羅蜜多，於此土及他方世界廣度有緣，無有疲倦。進修一切種智，滿心位成就「如水中月」現觀。

五地：由四地再證道種智一分故入五地。主修禪定波羅蜜多及一切種智，斷除下乘涅槃貪。滿心位成就「變化所成」現觀。

六地：由五地再證道種智一分故入六地。此地主修般若波羅蜜多——依道種智現觀十二因緣一一有支及意生身化身，皆自心眞如變化所現，「非有似有」，成就細相觀，不由加行而自然證得滅盡定，成俱解脫大乘無學。

七地：由六地「非有似有」現觀，再證道種智一分故入七地。此地主修一切種智及方便波羅蜜多，由重觀十二有支一一支中之流轉門及還滅門一切細相，成就方便善巧，念念隨入滅盡定。滿心位證得「如犍闥婆城」現觀。

七地滿心斷除故意保留之最後一分思惑時，煩惱障所攝色、受、想三陰有漏習氣種子同時斷盡。

大波羅蜜多

八地：由七地極細相觀成就故再證道種智一分而入八地。此地主修一切種智及願波羅蜜多。至滿心位純無相觀任運恆起，故於相土自在，滿心位復證「如實覺知諸法相意生身」故。

九地：由八地再證道種智一分故入九地。主修力波羅蜜多及一切種智，成就四無礙，滿心位證得「種類俱生無行作意生身」。

十地：由九地再證道種智一分故入此地。此地主修一切種智——智波羅蜜多。滿心位起大法智雲，及現起大法智雲所含藏種種功德，成受職菩薩。

等覺：由十地道種智成就故入此地。此地應修一切種智，圓滿等覺地無生法忍；於百劫中修集極廣大福德，以之圓滿三十二大人相及無量隨形好。

煩惱障所攝行、識二陰無漏習氣種子任運漸斷，所知障所攝上煩惱任運漸斷。

圓滿波羅蜜多

究竟位

妙覺：示現受生人間已斷盡煩惱障一切習氣種子，並斷盡所知障一切隨眠，永斷變易生死無明，成就大般涅槃，四智圓明。人間捨壽後，報身常住色究竟天利樂十方地上菩薩；以諸化身利樂有情，永無盡期，成就究竟佛道。

斷盡變易生死
成就大般涅槃

佛教正覺同修會〈修學佛道次第表〉

第一階段

* 以憶佛及拜佛方式修習動中定力。
* 學第一義佛法及禪法知見。
* 無相拜佛功夫成就。
* 具備一念相續功夫—動靜中皆能看話頭。
* 努力培植福德資糧，勤修三福淨業。

第二階段

* 參話頭，參公案。
* 開悟明心，一片悟境。
* 鍛鍊功夫求見佛性。
* 眼見佛性〈餘五根亦如是〉親見世界如幻，成就如幻觀。
* 學習禪門差別智。
* 深入第一義經典。
* 修除性障及隨分修學禪定。
* 修證十行位陽焰觀。

第三階段

* 學一切種智真實正理—楞伽經、解深密經、成唯識論…。
* 參究末後句。
* 解悟末後句。
* 透牢關—親自體驗所悟末後句境界，親見實相，無得無失。
* 救護一切衆生迴向正道。護持了義正法，修證十迴向位如夢觀。
* 發十無盡願，修習百法明門，親證猶如鏡像現觀。
* 修除五蓋，發起禪定。持一切善法戒。親證猶如光影現觀。
* 進修四禪八定、四無量心、五神通。進修大乘種智，求證猶如谷響現觀。

佛教正覺同修會 共修現況 及 招生公告　2014/11/23

一、共修現況：（請在共修時間來電，以免無人接聽。）

台北正覺講堂 103 台北市承德路三段 277 號九樓 捷運淡水線圓山站旁
Tel..總機 02-25957295（晚上）（**分機：九樓**辦公室 10、11；知客櫃檯 12、13。 **十樓**知客櫃檯 15、16；書局櫃檯 14。 **五樓**辦公室 18；知客櫃檯 19。**二樓**辦公室 20；知客櫃檯 21。）
Fax..25954493

第一講堂 台北市承德路三段 277 號九樓

禪淨班：週一晚上班、週三晚上班、週四晚上班、週五晚上班、週六下午班、週六上午班（皆須報名建立學籍後始可參加共修，欲報名者詳見本公告末頁）

增上班：瑜伽師地論詳解：每月第一、三、五週之週末 17.50～20.50 平實導師講解（僅限已明心之會員參加）

禪門差別智：每月第一週日全天　平實導師主講（事冗暫停）。

佛藏經詳解　平實導師主講。已於 2013/12/17 開講，歡迎已發成佛大願的菩薩種性學人，攜眷共同參與此殊勝法會聽講。詳解 釋迦世尊於《佛藏經》中所開示的眞實義理，更爲今時後世佛子四眾，闡述佛陀演說此經的本懷。眞實尋求佛菩提道的有緣佛子，親承聽聞如是勝妙開示，當能如實理解經中義理，亦能了知於大乘法中：如何是諸法實相？善知識、惡知識要如何簡擇？如何才是清淨持戒？如何才能清淨說法？於此末法之世，眾生五濁益重，不知佛、不解法、不識僧，唯見表相，不信眞實，貪著五欲，諸方大師不淨說法，各各將導大量徒眾趣入三塗，如是師徒俱堪憐憫。是故，平實導師以大慈悲心，用淺白易懂之語句，佐以實例、譬喻而爲演說，普令聞者易解佛意，皆得契入佛法正道，如實了知佛法大藏。

此經中，對於實相念佛多所著墨，亦指出念佛要點：以實相爲依，念佛者應依止淨戒、依止清淨僧寶，捨離違犯重戒之師僧，應受學清淨之法，遠離邪見。本經是現代佛門大法師所厭惡之經典：一者由於大法師們已全都落入意識境界而無法親證實相，故於此經中所說實相全無所知，都不樂有人聞此經名，以免讀後提出問疑時無法回答；二者現代大乘佛法地區，已經普被藏密喇嘛教滲透，許多有名之大法師們大多已曾或繼續在修練雙身法，都已失去聲聞戒體及菩薩戒體，成爲地獄種姓人，已非眞正出家之人，本質只是身著僧衣而住在寺院中的世俗人。這些人對於此經都是讀不懂的，也是極爲厭惡的；他們尚不樂見此經之印行，何況流通與講解？今爲救護廣大學佛人，兼欲護持佛教血脈永續常傳，特選此經宣講之。每逢週二 18.50~20.50 開示，不限制聽講資格。會外人士需憑身分證件換證入內聽講（此是大樓管理處之安全規定，敬請見諒）。桃園、台中、台南、高雄等地講堂，亦於每週二晚上播放平實導師所講本經之 DVD，不必出示身分證件即可入內聽講，歡迎各地善信同霑法益。

第二講堂 台北市承德路三段 267 號十樓。

禪淨班：週一晚上班、週四晚上班、週六下午班。

進階班：週三晚上班、週五晚上班（禪淨班結業後轉入共修）。

佛藏經詳解：平實導師講解。每週二 18.50~20.50（影像音聲即時傳輸）。本會學員憑上課證進入聽講，會外學人請以身分證件換證進入聽講（此爲大樓管理處安全管理規定之要求，敬請諒解）。

第三講堂 台北市承德路三段 277 號五樓。

進階班：週一晚上班、週三晚上班、週四晚上班、週五晚上班、週六下午班。

佛藏經詳解：平實導師講解。每週二 18.50~20.50（影像音聲即時傳輸）。本會學員憑上課證進入聽講，會外學人請以身分證件換證進入聽講（此爲大樓管理處安全管理規定之要求，敬請諒解）。

第四講堂 台北市承德路三段 267 號二樓。

進階班：週三晚上班、週四晚上班（禪淨班結業後轉入共修）。

佛藏經詳解：平實導師講解。每週二 18.50~20.50（影像音聲即時傳輸）。本會學員憑上課證進入聽講，會外學人請以身分證件換證進入聽講（此爲大樓管理處安全管理規定之要求，敬請諒解）。

第五、第六講堂 爲**開放式講堂**，不需以身分證件換證即可進入聽講，台北市承德路三段 267 號地下一樓、地下二樓。已規劃整修完成，每逢週二晚上講經時段開放給會外人士自由聽經，請由大樓側面梯階逕行進入聽講。**聽講者請尊重講者的著作權及肖像權，請勿錄音錄影，以免違法；若有錄音錄影被查獲者，將依法處理。**

正覺祖師堂 大溪鎮美華里信義路 650 巷坑底 5 之 6 號（台 3 號省道 34 公里處 妙法寺對面斜坡道進入）電話 03-3886110 傳眞 03-3881692 本堂供奉 克勤圓悟大師，專供會員每年四月、十月各二次精進禪三共修，兼作本會出家菩薩掛單常住之用。除禪三時間以外，每逢單月第一週之週日 9:00~17:00 開放會內、外人士參訪，當天並提供午齋結緣。教內共修團體或道場，得另申請其餘時間作團體參訪，務請事先與常住確定日期，以便安排常住菩薩接引導覽，亦免妨礙常住菩薩之日常作息及修行。

桃園正覺講堂（第一、第二講堂）：桃園市介壽路 286、288 號 10 樓（陽明運動公園對面）電話：03-3749363(請於共修時聯繫，或與台北聯繫)

禪淨班：週一晚上班、週三晚上班、週四晚上班、週五晚上班。

進階班：週六上午班、週五晚上班。

佛藏經詳解：平實導師講解 每逢週二晚上，以台北正覺講堂所錄 DVD 放映；歡迎會外學人共同聽講，不需出示身分證件。

新竹正覺講堂 新竹市東光路 55 號二樓之一 電話 03-5724297（晚上）

第一講堂：

禪淨班：週一晚上班、週三晚上班、週五晚上班、週六上午班。

進階班：週三晚上班、週四晚上班（由禪淨班結業後轉入共修）。

佛藏經詳解：平實導師講解，每週二晚上。以台北正覺講堂所錄 DVD 放映。歡迎會外學人共同聽講，不需出示身分證件。

第二講堂：

禪淨班：週三晚上班、週四晚上班。

佛藏經詳解：每週二晚上與第一講堂同時播放佛藏經詳解 DVD。

台中正覺講堂 04-23816090（晚上）

第一講堂 台中市南屯區五權西路二段 666 號 13 樓之四（國泰世華銀行樓上。鄰近縣市經第一高速公路前來者，由五權西路交流道可以快速到達，大樓旁有停車場，對面有素食館）。

禪淨班：週三晚上班、週四晚上班、週五晚上班、週六早上班。

進階班：週一晚上班（由禪淨班結業後轉入共修）。

增上班：單週週末以台北增上班課程錄成 DVD 放映之，限已明心之會員參加。

佛藏經詳解：平實導師講解。以台北正覺講堂所錄 DVD 放映。每週二晚上放映，歡迎會外學人共同聽講，不需出示身分證件。

第二講堂 台中市南屯區五權西路二段 666 號 4 樓

禪淨班：週一晚上班。

進階班：週五晚上班、週六早上班（由禪淨班結業後轉入共修）。

佛藏經詳解：每週二晚上與第一講堂同時播放佛藏經詳解 DVD。

第三講堂、第四講堂：台中市南屯區五權西路二段 666 號 4 樓。

嘉義正覺講堂 嘉義市友愛路 288 號八樓之一 電話：05-2318228

第一講堂：

禪淨班：預定 2014 /10/23 週四開課，歡迎報名參加共修。

佛藏經詳解：自 2014/10/28 起每週二晚上 18:50～20:50 播放台北講堂錄製的講經 DVD。

第二講堂 嘉義市友愛路 288 號八樓之二。

台南正覺講堂

第一講堂 台南市西門路四段 15 號 4 樓。06-2820541（晚上）

佛藏經詳解：平實導師講解。以台北正覺講堂所錄 DVD 放映。每週二晚上放映，歡迎會外學人共同聽講，不需出示身分證件。

禪淨班：週一晚上班、週三晚上班、週六下午班。

進階班：雙週週末下午班（由禪淨班結業後轉入共修）。

增上班：單週週末下午，以台北增上班課程錄成 DVD 放映之，限已明心之會員參加。

第二講堂　台南市西門路四段 15 號 3 樓。

佛藏經詳解：每週二晚上與第一講堂同時播放佛藏經詳解 DVD。

第三講堂　台南市西門路四段 15 號 3 樓。

佛藏經詳解：每週二晚上與第一講堂同時播放佛藏經詳解 DVD。

禪淨班：週四晚上班、週六晚上班。

進階班：週五晚上班、週六早上班（由禪淨班結業後轉入共修）。

高雄正覺講堂　高雄市新興區中正三路 45 號五樓 07-2234248（晚上）

第一講堂（五樓）：

佛藏經詳解：平實導師講解。以台北正覺講堂所錄 DVD 放映。每週二晚上放映，歡迎會外學人共同聽講，不需出示身分證件

禪淨班：週三晚上班、週四晚上班、週末上午班。

進階班：週一晚上班（由禪淨班結業後轉入共修）。

增上班：單週週末下午，以台北增上班課程錄成 DVD 放映之，限已明心之會員參加。

第二講堂（四樓）：

佛藏經詳解：每週二晚上與第一講堂同時播放佛藏經詳解 DVD。

禪淨班：週三晚上班、週四晚上班。

進階班：週四晚上班（由禪淨班結業後轉入共修）。

第三講堂（三樓）：（尚未開放使用）。

香港正覺講堂　香港新界葵涌大連排道 21-33 號，宏達工業中心 7 樓 10 室（葵興地鐵站 A 出口步行約 10 分鐘）。電話：(852)23262231。英文地址：Unit 10, 7/F, Vanta Industrial Centre, No.21-33, Tai Lin Pai Road, Kwai Chung, New Territories）

禪淨班：週六班 14:30-17:30，已經額滿。
週日班 14:40-17:40，已經額滿。
新班開始報名，4 月底開課。

妙法蓮華經詳解：平實導師講解 以台北正覺講堂所錄 DVD，每逢週六 18:40-20:40、週日 19:00-21:00 放映；歡迎會外學人共同聽講，不需出示身分證件。

美國洛杉磯正覺講堂　**☆已遷移新址☆**

825 S. Lemon Ave Diamond Bar, CA 91798 U.S.A.
Tel. (909) 595-5222（請於週六 9:00~18:00 之間聯繫）
Cell. (626) 454-0607

禪淨班：每逢週末 15：30~17：30 上課。

進階班：每逢週末上午 10：00 上課。

佛藏經詳解：平實導師講解 以台北正覺講堂所錄 DVD，每週六下午放映(13：00~15：00)，歡迎各界人士共享第一義諦無上法益，不需報名。

二、招生公告 本會台北講堂及全省各講堂，每逢四月、十月中旬開新班，每週共修一次（每次二小時。開課日起三個月內仍可插班）；但美國洛杉磯共修處得隨時插班共修。各班共修期間皆爲二年半，欲參加者請向本會函索報名表（各共修處皆於共修時間方有人執事，非共修時間請勿電詢或前來洽詢、請書），或直接從成佛之道網站下載報名表。共修期滿時，若經報名禪三審核通過者，可參加四天三夜之禪三精進共修，有機會明心、取證如來藏，發起般若實相智慧，成爲實義菩薩，脫離凡夫菩薩位。

三、新春禮佛祈福 農曆年假期間停止共修：自農曆新年前七天起停止共修與弘法，正月 8 日起回復共修、弘法事務。新春期間正月初一～初七 9.00～17.00 開放台北講堂、大溪禪三道場（正覺祖師堂），方便會員供佛、祈福及會外人士請書。美國洛杉磯共修處之休假時間，請逕詢該共修處。

密宗四大派修雙身法，是外道性力派的邪法；又以生滅的識陰作為常住法，是常見外道，是假的藏傳佛教。

西藏覺囊巴以他空見弘揚第八識如來藏勝法，才是真藏傳佛教

佛教正覺同修會　弘法行事表　2014/08/19

1、**禪淨班**　以無相念佛及拜佛方式修習動中定力，實證一心不亂功夫。傳授解脫道正理及第一義諦佛法，以及參禪知見。共修期間：二年六個月。每逢四月、十月開新班，詳見招生公告表。

2、**《佛藏經》詳解**　平實導師主講。已於 2013/12/17 開講，歡迎已發成佛大願的菩薩種性學人，攜眷共同參與此殊勝法會聽講。詳解釋迦世尊於《佛藏經》中所開示的眞實義理，更爲今時後世佛子四眾，闡述 佛陀演說此經的本懷。眞實尋求佛菩提道的有緣佛子，親承聽聞如是勝妙開示，當能如實理解經中義理，亦能了知於大乘法中：如何是諸法實相？善知識、惡知識要如何簡擇？如何才是清淨持戒？如何才能清淨說法？於此末法之世，眾生五濁益重，不知佛、不解法、不識僧，唯見表相，不信眞實，貪著五欲，諸方大師不淨說法，各各將導大量徒眾趣入三塗，如是師徒俱堪憐憫。是故，平實導師以大慈悲心，用淺白易懂之語句，佐以實例、譬喻而爲演說，普令聞者易解佛意，皆得契入佛法正道，如實了知佛法大藏。每逢週二 18.50~20.50 開示，不限制聽講資格。會外人士需憑身分證件換證入內聽講（此是大樓管理處之安全規定，敬請見諒）。桃園、新竹、台中、台南、高雄等地講堂，亦於每週二晚上播放平實導師講經之 DVD，不必出示身分證件即可入內聽講，歡迎各地善信同霑法益。

有某道場專弘淨土法門數十年，於教導信徒研讀《佛藏經》時，往往告誡信徒曰：「**後半部不許閱讀。**」由此緣故坐令信徒失去提升念佛層次之機緣，師徒只能低品位往生淨土，令人深覺愚癡無智。由有多人建議故，平實導師開始宣講《佛藏經》，藉以轉易如是邪見，並提升念佛人之知見與往生品位。此經中，對於實相念佛多所著墨，亦指出念佛要點：**以實相爲依，念佛者應依止淨戒、依止清淨僧寶，捨離違犯重戒之師僧，應受學清淨之法，遠離邪見。**本經是現代佛門大法師所厭惡之經典：**一者由於大法師們已全都落入意識境界而無法親證實相，故於此經中所說實相全無所知，都不樂有人聞此經名，以免讀後提出問疑時無法回答；二者現代大乘佛法地區，已經普被藏密喇嘛教滲透，許多有名之大法師們大多已曾或繼續在修練雙身法，都已失去聲聞戒體及菩薩戒體，成爲地獄種姓人，已非眞正出家之人，本質上只是身著僧衣而住在寺院中的世俗人。**這些人對於此經都是讀不懂的，也是極爲厭惡的；他們尙不樂見此經之印行，何況流通與講解？今爲救護廣大學佛人，兼欲護持佛教血脈永續常傳，特選此經宣講之，主講者平實導師。

3、**瑜伽師地論**詳解　詳解論中所言凡夫地至佛地等 17 師之修證境界與理論，從凡夫地、聲聞地……宣演到諸地所證一切種智之眞實正理。由平實導師開講，每逢一、三、五週之週末晚上開示，僅限已明心之會員參加。

4、**精進禪三**　主三和尚：平實導師。於四天三夜中，以克勤圓悟大師及大慧宗杲之禪風，施設機鋒與小參、公案密意之開示，幫助會員剋期取證，親證不生不滅之眞實心——人人本有之如來藏。每年四月、十月各舉辦二個梯次；平實導師主持。僅限本會會員參加禪淨班共修期滿，報名審核通過者，方可參加。並選擇會中定力、慧力、福德三條件皆已具足之已明心會員，給以指引，令得眼見自己無形無相之佛性遍佈山河大地，眞實而無障礙，得以肉眼現觀世界身心悉皆如幻，具足成就如幻觀，圓滿十住菩薩之證境。

5、**阿含經**詳解　選擇重要之阿含部經典，依無餘涅槃之實際而加以詳解，令大眾得以現觀諸法緣起性空，亦復不墮斷滅見中，顯示經中所隱說之涅槃實際—如來藏—確實已於四阿含中隱說；令大眾得以聞後觀行，確實斷除我見乃至我執，證得**見到**眞現觀，乃至**身證**……等眞現觀；已得大乘或二乘見道者，亦可由此聞熏及聞後之觀行，除斷我所之貪著，成就慧解脫果。由平實導師詳解。不限制聽講資格。

6、**大法鼓經**詳解　詳解末法時代大乘佛法修行之道。佛教正法消毒妙藥塗於大鼓而以擊之，凡有眾生聞之者，一切邪見鉅毒悉皆消殞；此經即是大法鼓之正義，凡聞之者，所有邪見之毒悉皆滅除，見道不難；亦能發起菩薩無量功德，是故諸大菩薩遠從諸方佛土來此娑婆聞修此經。由平實導師詳解。不限制聽講資格。

7、**解深密經**詳解　重講本經之目的，在於令諸已悟之人明解大乘法道之成佛次第，以及悟後進修一切種智之內涵，確實證知三種自性性，並得據此證解七眞如、十眞如等正理。每逢週二 18.50~20.50 開示，由平實導師詳解。將於《大法鼓經》講畢後開講。不限制聽講資格。

8、**成唯識論**詳解　詳解一切種智眞實正理，詳細剖析一切種智之微細深妙廣大正理；並加以舉例說明，使已悟之會員深入體驗所證如來藏之微密行相；及證驗見分相分與所生一切法，皆由如來藏—阿賴耶識—直接或展轉而生，因此證知一切法無我，證知無餘涅槃之本際。將於增上班《瑜伽師地論》講畢後，由平實導師重講。僅限已明心之會員參加。

9、**精選如來藏系經典**詳解　精選如來藏系經典一部，詳細解說，以此完全印證會員所悟如來藏之眞實，得入不退轉住。另行擇期詳細解說之，由平實導師講解。僅限已明心之會員參加。

10、**禪門差別智**　藉禪宗公案之微細淆訛難知難解之處，加以宣說及剖析，以增進明心、見性之功德，啓發差別智，建立擇法眼。每月第一週日全天，由平實導師開示，僅限破參明心後，復又眼見佛性者參加（事冗暫停）。

11、**枯木禪**　先講智者大師的《小止觀》，後說《釋禪波羅蜜》，詳解四禪八定之修證理論與實修方法，細述一般學人修定之邪見與岔路，及對禪定證境之誤會，消除枉用功夫、浪費生命之現象。已悟般若者，可以藉此而實修初禪，進入大乘通教及聲聞教的三果心解脫境界，配合應有的大福德及後得無分別智、十無盡願，即可進入初地心中。親教師：平實導師。未來緣熟時將於大溪正覺寺開講。不限制聽講資格。

註：本會例行年假，自 2004 年起，改爲每年農曆新年前七天開始停息弘法事務及共修課程，農曆正月 8 日回復所有共修及弘法事務。新春期間（每日 9.00~17.00）開放台北講堂，方便會員禮佛祈福及會外人士請書。大溪鎮的正覺祖師堂，開放參訪時間，詳見〈正覺電子報〉或成佛之道網站。本表得因時節因緣需要而隨時修改之，不另作通知。

佛教正覺同修會　贈閱書籍 目錄　2014/05/14

1.**無相念佛**　平實導師著　回郵 10 元
2.**念佛三昧修學次第**　平實導師述著　回郵 25 元
3.**正法眼藏—護法集**　平實導師述著　回郵 35 元
4.**真假開悟簡易辨正法&佛子之省思**　平實導師著　回郵 3.5 元
5.**生命實相之辨正**　平實導師著　回郵 10 元
6.**如何契入念佛法門**（**附：印順法師否定極樂世界**）平實導師著　回郵 3.5 元
7.**平實書箋**—答元覽居士書　平實導師著　回郵 35 元
8.**三乘唯識**—如來藏系經律彙編　平實導師編　回郵 80 元
（精裝本　長 27 cm　寬 21 cm　高 7.5 cm　重 2.8 公斤）
9.**三時繫念全集**—修正本　回郵掛號 40 元（長 26.5 cm×寬 19 cm）
10.**明心與初地**　平實導師述　回郵 3.5 元
11.**邪見與佛法**　平實導師述著　回郵 20 元
12.**菩薩正道**—回應義雲高、釋性圓…等外道之邪見　正燦居士著　回郵 20 元
13.**甘露法雨**　平實導師述　回郵 20 元
14.**我與無我**　平實導師述　回郵 20 元
15.**學佛之心態**—修正錯誤之學佛心態始能與正法相應　孫正德老師著　回郵35元
附錄：平實導師著**《略說八、九識並存…等之過失》**
16.**大乘無我觀**—《悟前與悟後》別說　平實導師述著　回郵 20 元
17.**佛教之危機**—中國台灣地區現代佛教之真相（附錄：公案拈提六則）
平實導師著　回郵 25 元
18.**燈　影**—燈下黑（覆「求教後學」來函等）　平實導師著　回郵 35 元
19.**護法與毀法**—覆上平居士與徐恒志居士網站毀法二文
張正圜老師著　回郵 35 元
20.**淨土聖道**—兼評**選擇本願念佛**　正德老師著　**由正覺同修會購贈**　回郵 25 元
21.**辨唯識性相**—對「紫蓮心海《辯唯識性相》書中否定阿賴耶識」之回應
正覺同修會 台南共修處法義組 著　回郵 25 元
22.**假如來藏**—對法蓮法師《如來藏與阿賴耶識》書中否定阿賴耶識之回應
正覺同修會 台南共修處法義組 著　回郵 35 元
23.**入不二門**—公案拈提集錦 第一輯（於平實導師公案拈提諸書中選錄約二十則，
合輯爲一冊流通之）平實導師著　回郵 20 元
24.**真假邪說**—西藏密宗索達吉喇嘛《破除邪說論》真是邪說
釋正安法師著　回郵 35 元
25.**真假開悟**—真如、如來藏、阿賴耶識間之關係　平實導師述著　回郵 35 元
26.**真假禪和**—辨正釋傳聖之謗法謬說　孫正德老師著　回郵 30 元

27.**眼見佛性**—駁慧廣法師眼見佛性的含義文中謬說

游正光老師著　回郵25元

28.**普門自在**—公案拈提集錦 第二輯（於平實導師公案拈提諸書中選錄約二十則，合輯爲一冊流通之）平實導師著　回郵25元

29.**印順法師的悲哀**—以現代禪的質疑為線索　恒毓博士著　回郵25元

30.**識蘊真義**—現觀識蘊內涵、取證初果、親斷三縛結之具體行門。

—依《成唯識論》及《唯識述記》正義，略顯安慧《大乘廣五蘊論》之邪謬

平實導師著　回郵35元

31.**正覺電子報** 各期紙版本　免附回郵　每次最多函索三期或三本。

（已無存書之較早各期，不另增印贈閱）

32.**現代人應有的宗教觀**　蔡正禮老師 著　回郵3.5元

33.**遠惑趣道**—正覺電子報般若信箱問答錄　第一輯　回郵20元

34.**遠惑趣道**—正覺電子報般若信箱問答錄　第二輯　回郵20元

35.**確保您的權益**—器官捐贈應注意自我保護　游正光老師 著　回郵10元

36.**正覺教團電視弘法三乘菩提 DVD 光碟（一）**

由正覺教團多位親教師共同講述錄製 DVD 8 片，MP3 一片，共 9 片。有二大講題：一爲「三乘菩提之意涵」，二爲「學佛的正知見」。內容精闢，深入淺出，精彩絕倫，幫助大眾快速建立三乘法道的正知見，免被外道邪見所誤導。有志修學三乘佛法之學人不可不看。（製作工本費 100 元，回郵 25 元）

37.**正覺教團電視弘法 DVD 專輯（二）**

總有二大講題：一爲「三乘菩提之念佛法門」，一爲「學佛正知見（第二篇）」，由正覺教團多位親教師輪番講述，內容詳細闡述如何修學念佛法門、實證念佛三昧，以及學佛應具有的正確知見，可以幫助發願往生西方極樂淨土之學人，得以把握往生，更可令學人快速建立三乘法道的正知見，免於被外道邪見所誤導。有志修學三乘佛法之學人不可不看。（一套 17 片，工本費 160 元。回郵 35 元）

38.**佛藏經** 燙金精裝本　每冊回郵 20 元。正修佛法之道場欲大量索取者，請正式發函並蓋用大印寄來索取（2008.04.30 起開始敬贈）

39.**喇嘛性世界**—揭開假藏傳佛教譚崔瑜伽的面紗　張善思 等人合著

由正覺同修會購贈　回郵 20 元

40.**假藏傳佛教的神話**—性、謊言、喇嘛教　張正玄教授編著　回郵 20 元

由正覺同修會購贈　回郵 20 元

41.**隨　緣**—理隨緣與事隨緣　平實導師述　回郵 20 元。

42.**學佛的覺醒**　正枝居士 著　回郵 25 元

43.**導師之真實義**　蔡正禮老師 著　回郵 10 元

44.**淺談達賴喇嘛之雙身法**—兼論解讀「密續」之達文西密碼

吳明芷居士 著　回郵 10 元

45.**魔界轉世**　張正玄居士 著　回郵 10 元

46.**一貫道與開悟**　蔡正禮老師 著　回郵 10 元

47.**博愛**—愛盡天下女人　正覺教育基金會 編印　回郵 10 元

48.**意識虛妄經教彙編**—實證解脫道的關鍵經文　正覺同修會編印　回郵25元
49.**廣論三部曲**　郭正益老師著　回郵 20 元
50.**邪箭囈語**—破斥藏密外道多識仁波切《破魔金剛箭雨論》之邪說
陸正元老師著　上、下冊回郵各 30 元，預定 2014/03 出版
51.**真假沙門**—依 佛聖教闡釋佛教僧寶之定義
蔡正禮老師著　俟正覺電子報連載後結集出版
52.**真假禪宗**—藉評論釋性廣《印順導師對變質禪法之批判
及對禪宗之肯定》以顯示真假禪宗
附論一：凡夫知見 無助於佛法之信解行證
附論二：世間與出世間一切法皆從如來藏實際而生而顯
余正偉老師著　俟正覺電子報連載後結集出版　回郵未定
53.**假鋒虛焰金剛乘**—揭示顯密正理，兼破索達吉師徒《般若鋒兮金剛焰》。
釋正安 法師著　俟正覺電子報連載後結集出版

★ 上列贈書之郵資，係台灣本島地區郵資，大陸、港、澳地區及外國地區，請另計酌增（大陸、港、澳、國外地區之郵票不許通用）。尚未出版之書，請勿先寄來郵資，以免增加作業煩擾。

★ 本目錄若有變動，唯於後印之書籍及「成佛之道」網站上修正公佈之，不另行個別通知。

函索書籍請寄：佛教正覺同修會　103 台北市承德路 3 段 277 號 9 樓
台灣地區函索書籍者請附寄郵票，無時間購買郵票者可以等值現金抵用，但不接受郵政劃撥、支票、匯票。大陸地區得以人民幣計算，國外地區請以美元計算（請勿寄來當地郵票，在台灣地區不能使用）。欲以掛號寄遞者，請另附掛號郵資。

親自索閱：正覺同修會各共修處。　★請於共修時間前往取書，餘時無人在道場，請勿前往索取；共修時間與地點，詳見書末正覺同修會共修現況表（以近期之共修現況表為準）。

註：正智出版社發售之局版書，請向各大書局購閱。若書局之書架上已經售出而無陳列者，請向書局櫃台指定洽購；若書局不便代購者，請於正覺同修會共修時間前往各共修處請購，正智出版社已派人於共修時間送書前往各共修處流通。 郵政劃撥購書及 大陸地區 購書，請詳別頁正智出版社發售書籍目錄最後頁之說明。

成佛之道 網站：http://www.a202.idv.tw　正覺同修會已出版之結緣書籍，多已登載於 成佛之道 網站，若住外國、或住處遙遠，不便取得正覺同修會贈閱書籍者，可以從本網站閱讀及下載。　書局版之《宗通與說通》亦已上網，台灣讀者可向書局洽購，成本價 200 元。《狂密與真密》第一輯~第四輯，亦於 2003.5.1.全部於本網站登載完畢；台灣地區讀者請向書局洽購，每輯約 400 頁，賠本流通價 140 元（網站下載紙張費用較貴，容易散失，難以保存，亦較不精美）。

＊＊假藏傳佛教修雙身法，非佛教＊＊

正智出版社 籌募弘法基金發售書籍目錄 2015/1/1

1.**宗門正眼**—公案拈提 第一輯 重拈 平實導師著 500 元
因重寫內容大幅度增加故，字體必須改小，並增爲 576 頁 主文 546 頁。比初版更精彩、更有內容。初版《禪門摩尼寶聚》之讀者，可寄回本公司免費調換新版書。免附回郵，亦無截止期限。（2007 年起，每冊附贈本公司精製公案拈提〈超意境〉CD 一片。市售價格 280 元，多購多贈。）

2.**禪淨圓融** 平實導師著 200 元（第一版舊書可換新版書。）

3.**真實如來藏** 平實導師著 400 元

4.**禪—悟前與悟後** 平實導師著 上、下冊，每冊 250 元

5.**宗門法眼**—公案拈提 第二輯 平實導師著 500 元
（2007 年起，每冊附贈本公司精製公案拈提〈超意境〉CD 一片）

6.**楞伽經詳解** 平實導師著 全套共 10 輯 每輯 250 元

7.**宗門道眼**—公案拈提 第三輯 平實導師著 500 元
（2007 年起，每冊附贈本公司精製公案拈提〈超意境〉CD 一片）

8.**宗門血脈**—公案拈提 第四輯 平實導師著 500 元
（2007 年起，每冊附贈本公司精製公案拈提〈超意境〉CD 一片）

9.**宗通與說通**—成佛之道 平實導師著 主文 381 頁 全書 400 頁售價 300 元

10.**宗門正道**—公案拈提 第五輯 平實導師著 500 元
（2007 年起，每冊附贈本公司精製公案拈提〈超意境〉CD 一片）

11.**狂密與真密 一～四輯** 平實導師著 西藏密宗是人間最邪淫的宗教，本質不是佛教，只是披著佛教外衣的印度教性力派流毒的喇嘛教。此書中將西藏密宗密傳之男女雙身合修樂空雙運所有祕密與修法，毫無保留完全公開，並將全部喇嘛們所不知道的部分也一併公開。內容比大辣出版社喧騰一時的《西藏慾經》更詳細。並且函蓋藏密的所有祕密及其錯誤的中觀見、如來藏見……等，藏密的所有法義都在書中詳述、分析、辨正。每輯主文三百餘頁 每輯全書約 400 頁 售價每輯 300 元

12.**宗門正義**—公案拈提 第六輯 平實導師著 500 元
（2007 年起，每冊附贈本公司精製公案拈提〈超意境〉CD 一片）

13.**心經密意**—心經與解脫道、佛菩提道、祖師公案之關係與密意 平實導師述 300 元

14.**宗門密意**—公案拈提 第七輯 平實導師著 500 元
（2007 年起，每冊附贈本公司精製公案拈提〈超意境〉CD 一片）

15.**淨土聖道**—兼評「選擇本願念佛」 正德老師著 200 元

16.**起信論講記** 平實導師述著 共六輯 每輯三百餘頁 售價各 250 元

17.**優婆塞戒經講記** 平實導師述著 共八輯 每輯三百餘頁 售價各 250 元

18.**真假活佛**—略論附佛外道盧勝彥之邪說（對前岳靈犀網站主張「盧勝彥是證悟者」之修正） 正犀居士（岳靈犀）著 流通價 140 元

19.**阿含正義**—唯識學探源 平實導師著 共七輯 每輯 300 元

20.**超意境** CD 以平實導師公案拈提書中超越意境之頌詞，加上曲風優美的旋律，錄成令人嚮往的超意境歌曲，其中包括正覺發願文及平實導師親自譜成的黃梅調歌曲一首。詞曲雋永，殊堪翫味，可供學禪者吟詠，有助於見道。內附設計精美的彩色小冊，解說每一首詞的背景本事。每片 280 元。【每購買公案拈提書籍一冊，即贈送一片。】

21.**菩薩底憂鬱** CD 將菩薩情懷及禪宗公案寫成新詞，並製作成超越意境的優美歌曲。 1.主題曲〈菩薩底憂鬱〉，描述地後菩薩能離三界生死而迴向繼續生在人間，但因尚未斷盡習氣種子而有極深沈之憂鬱，非三賢位菩薩及二乘聖者所知，此憂鬱在七地滿心位方才斷盡；本曲之詞中所說義理極深，昔來所未曾見；此曲係以優美的情歌風格寫詞及作曲，聞者得以激發嚮往諸地菩薩境界之大心，詞、曲都非常優美，難得一見；其中勝妙義理之解說，已印在附贈之彩色小冊中。 2.以各輯公案拈提中直示禪門入處之頌文，作成各種不同曲風之超意境歌曲，值得玩味、參究；聆聽公案拈提之優美歌曲時，請同時閱讀內附之印刷精美說明小冊，可以領會超越三界的證悟境界；未悟者可以因此引發求悟之意向及疑情，眞發菩提心而邁向求悟之途，乃至因此眞實悟入般若，成眞菩薩。 3.正覺總持咒新曲，總持佛法大意；總持咒之義理，已加以解說並印在隨附之小冊中。本 CD 共有十首歌曲，長達 63 分鐘。每盒各附贈二張購書優惠券。每片 280 元。

22.**禪意無限** CD 平實導師以公案拈提書中偈頌寫成不同風格曲子，與他人所寫不同風格曲子共同錄製出版，幫助參禪人進入禪門超越意識之境界。盒中附贈彩色印製的精美解說小冊，以供聆聽時閱讀，令參禪人得以發起參禪之疑情，即有機會證悟本來面目而發起實相智慧，實證大乘菩提般若，能如實證知般若經中的眞實意。本 CD 共有十首歌曲，長達 69 分鐘，每盒各附贈二張購書優惠券。每片 280 元。

23.**我的菩提路**第一輯　釋悟圓、釋善藏等人合著　售價 300 元

24.**我的菩提路**第二輯　郭正益、張志成等人合著　售價 300 元

25.**鈍鳥與靈龜**—考證後代凡夫對大慧宗杲禪師的無根誹謗。

平實導師著 共 458 頁 售價 350 元

26.**維摩詰經講記** 平實導師述 共六輯 每輯三百餘頁 售價各 250 元

27.**真假外道**—破劉東亮、杜大威、釋證嚴常見外道見 正光老師著 200 元

28.**勝鬘經講記**—兼論印順《勝鬘經講記》對於《勝鬘經》之誤解。

平實導師述　共六輯　每輯三百餘頁　售價250 元

29.**楞嚴經講記** 平實導師述 共 **15** 輯，每輯三百餘頁 售價 300 元

30.**明心與眼見佛性**—駁慧廣〈蕭氏「眼見佛性」與「明心」之非〉文中謬說

正光老師著　共 448 頁　售價 300 元

31.**見性與看話頭** 黃正倖老師 著，本書是禪宗參禪的方法論。

內文 375 頁，全書 416 頁，售價 300 元。

32.**達賴真面目**—玩盡天下女人 白正偉老師 等著 中英對照彩色精裝大本 800 元

33.**喇嘛性世界**—揭開假藏傳佛教譚崔瑜伽的面紗　張善思 等人著　200 元
34.**假藏傳佛教的神話**—性、謊言、喇嘛教　正玄教授編著　200 元
35.**金剛經宗通**　平實導師述　共九輯　每輯售價 250 元。
36.**空行母**—性別、身分定位，以及藏傳佛教。
珍妮・坎貝爾著 呂艾倫 中譯 售價 250 元
37.**末代達賴**—性交教主的悲歌　張善思、呂艾倫、辛燕編著 售價 250 元
38.**霧峰無霧**—給哥哥的信　辨正釋印順對佛法的無量誤解
游宗明 老師著　售價 250 元
39.**第七意識與第八意識？**—穿越時空「超意識」
平實導師述　每冊 300 元
40.**黯淡的達賴**—失去光彩的諾貝爾和平獎
正覺教育基金會編著　每冊 250 元
41.**童女迦葉考**—論呂凱文〈佛教輪迴思想的論述分析〉之謬。
平實導師 著 定價 180 元
42.**人間佛教**—實證者必定不悖三乘菩提
平實導師 述，定價 400 元
43.**實相經宗通**　平實導師述　共八輯　每輯 250 元
44.**中觀金鑑**—詳述應成派中觀的起源與其破法本質
孫正德老師著　分爲上、中、下三冊，每冊 250 元
45.**佛法入門**—迅速進入三乘佛法大門，消除久學佛法漫無方向之窘境。
○○居士著　將於正覺電子報連載後出版。售價 250 元
46.**藏傳佛教要義**—《狂密與真密》之簡體字版　平實導師 著 上、下冊
僅在大陸流通　每冊 300 元
47.**法華經講義**　平實導師述　共 25 輯　每輯 300 元
2015 年 5 月 31 日出版第一輯，每二個月出版一輯
48.**廣論之平議**—宗喀巴《菩提道次第廣論》之平議　正雄居士著
約二或三輯　俟正覺電子報連載後結集出版　書價未定
49.**末法導護**—對印順法師中心思想之綜合判攝　正慶老師著　書價未定
50.**菩薩學處**—菩薩四攝六度之要義　陸正元老師著　出版日期未定。
51.**八識規矩頌**詳解　○○居士 註解　出版日期另訂　書價未定。
52.**印度佛教史**—法義與考證。依法義史實評論印順《印度佛教思想史、佛教史地考論》之謬說　正偉老師著　出版日期未定　書價未定
53.**中國佛教史**—依中國佛教正法史實而論。 ○○老師 著　書價未定。
54.**中論正義**—釋龍樹菩薩《中論》頌正理。
孫正德老師著　出版日期未定　書價未定
55.**中觀正義**—註解平實導師《中論正義頌》。
○○法師（居士）著　出版日期未定　書價未定
56.**佛藏經講記**　平實導師述　出版日期未定　書價未定
57.**阿含經講記**—將選錄四阿含中數部重要經典全經講解之，講後整理出版。
平實導師述　約二輯　每輯 300 元　出版日期未定

58.**實積經講記** 平實導師述 每輯三百餘頁 優惠價 300 元 出版日期未定
59.**解深密經講記** 平實導師述 約四輯 將於重講後整理出版
60.**成唯識論略解** 平實導師著 五～六輯 每輯300 元 出版日期未定
61.**修習止觀坐禪法要講記** 平實導師述 每輯三百餘頁
將於正覺寺建成後重講、以講記逐輯出版 出版日期未定
62.**無門關**—《無門關》公案拈提 平實導師著 出版日期未定
63.**中觀再論**—兼述印順《中觀今論》謬誤之平議。正光老師著 出版日期未定
64.**輪迴與超度**—佛教超度法會之真義。
〇〇法師（居士）著 出版日期未定 書價未定
65.**《釋摩訶衍論》平議**—對偽稱龍樹所造《釋摩訶衍論》之平議
〇〇法師（居士）著 出版日期未定 書價未定
66.**正覺發願文**註解—以真實大願為因 得證菩提
正德老師著 出版日期未定 書價未定
67.**正覺總持咒**—佛法之總持 正圜老師著 出版日期未定 書價未定
68.**涅槃**—論四種涅槃 平實導師著 出版日期未定 書價未定
69.**三自性**—依四食、五蘊、十二因緣、十八界法，說三性三無性。
作者未定 出版日期未定
70.**道品**—從三自性說大小乘三十七道品 作者未定 出版日期未定
71.**大乘緣起觀**—依四聖諦七真如現觀十二緣起 作者未定 出版日期未定
72.**三德**—論解脫德、法身德、般若德。 作者未定 出版日期未定
73.**真假如來藏**—對印順《如來藏之研究》謬說之平議 作者未定 出版日期未定
74.**大乘道次第** 作者未定 出版日期未定 書價未定
75.**四緣**—依如來藏故有四緣。 作者未定 出版日期未定
76.**空之探究**—印順《空之探究》謬誤之平議 作者未定 出版日期未定
77.**十法義**—論阿含經中十法之正義 作者未定 出版日期未定
78.**外道見**—論述外道六十二見 作者未定 出版日期未定

正智出版社有限公司 書籍介紹

禪淨圓融：言淨土諸祖所未曾言，示諸宗祖師所未曾示；禪淨圓融，另闢成佛捷徑，兼顧自力他力，闡釋淨土門之速行易行道，亦同時揭櫫聖教門之速行易行道；令廣大淨土行者得免緩行難證之苦，亦令聖道門行者得以藉著淨土速行道而加快成佛之時劫。乃前無古人之超勝見地，非一般弘揚禪淨法門典籍也，先讀爲快。平實導師著200元。

宗門正眼—公案拈提第一輯：繼承克勤圜悟大師碧巖錄宗旨之禪門鉅作。先則舉示當代大法師之邪說，消弭當代禪門大師鄉愿之心態，摧破當今禪門「世俗禪」之妄談；次則旁通教法，表顯宗門正理；繼以道之次第，消弭古今狂禪；後藉言語及文字機鋒，直示宗門入處。悲智雙運，禪味十足，數百年來難得一睹之禪門鉅著也。平實導師著 500元（原初版書《禪門摩尼寶聚》，改版後補充爲五百餘頁新書，總計多達二十四萬字，內容更精彩，並改名爲《宗門正眼》，讀者原購初版《禪門摩尼寶聚》皆可寄回本公司免費換新，免附回郵，亦無截止期限）（2007年起，凡購買公案拈提第一輯至第七輯，每購一輯皆贈送本公司精製公案拈提〈超意境〉CD一片，市售價格280元，多購多贈）。

禪—悟前與悟後：本書能建立學人悟道之信心與正確知見，圓滿具足而有次第地詳述禪悟之功夫與禪悟之內容，指陳參禪中細微淆訛之處，能使學人明自眞心、見自本性。若未能悟入，亦能以正確知見辨別古今中外一切大師究係眞悟？或屬錯悟？便有能力揀擇，捨名師而選明師，後時必有悟道之緣。一旦悟道，遲者七次人天往返，便出三界，速者一生取辦。學人欲求開悟者，不可不讀。平實導師著。上、下冊共500元，單冊250元。

真實如來藏：如來藏眞實存在，乃宇宙萬有之本體，並非印順法師、達賴喇嘛等人所說之「唯有名相、無此心體」。如來藏是涅槃之本際，是一切有智之人竭盡心智、不斷探索而不能得之生命實相；是古今中外許多大師自以爲悟而當面錯過之生命實相。如來藏即是阿賴耶識，乃是一切有情本自具足、不生不滅之眞實心。當代中外大師於此書出版之前所未能言者，作者於本書中盡情流露、詳細闡釋。眞悟者讀之，必能增益悟境、智慧增上；錯悟者讀之，必能檢討自己之錯誤，免犯大妄語業；未悟者讀之，能知參禪之理路，亦能以之檢查一切名師是否眞悟。此書是一切哲學家、宗教家、學佛者及欲昇華心智之人必讀之鉅著。平實導師著 售價400元。

宗門法眼—**公案拈提**第二輯：列舉實例，闡釋土城廣欽老和尚之悟處；並直示這位不識字的老和尚妙智橫生之根由，繼而剖析禪宗歷代大德之開悟公案，解析當代密宗高僧卡盧仁波切之錯悟證據，並例舉當代顯宗高僧、大居士之錯悟證據（凡健在者，爲免影響其名聞利養，皆隱其名）。藉辨正當代名師之邪見，向廣大佛子指陳禪悟之正道，彰顯宗門法眼。悲勇兼出，強捋虎鬚；慈智雙運，巧探驪龍；摩尼寶珠在手，直示宗門入處，禪味十足；若非大悟徹底，不能爲之。禪門精奇人物，允宜人手一冊，供作參究及悟後印證之圭臬。**本書於2008年4月改版，增寫為大約500頁篇幅，以利學人研讀參究時更易悟入宗門正法，以前所購初版首刷及初版二刷舊書，皆可免費換取新書。**平實導師著 500元（2007年起，凡購買公案拈提第一輯至第七輯，每購一輯皆贈送本公司精製公案拈提〈超意境〉CD一片，市售價格280元，多購多贈）。

宗門道眼—**公案拈提**第三輯：繼宗門法眼之後，再以金剛之作略、慈悲之胸懷、犀利之筆觸，舉示寒山、拾得、布袋三大士之悟處，消弭當代錯悟者對於寒山大士……等之誤會及誹謗。亦舉出民初以來與虛雲和尚齊名之蜀郡鹽亭袁煥仙夫子——南懷瑾老師之師，其「悟處」何在？並蒐羅許多眞悟祖師之證悟公案，顯示禪宗歷代祖師之睿智，指陳部分祖師、奧修及當代顯密大師之謬悟，作爲殷鑑，幫助禪子建立及修正參禪之方向及知見。假使讀者閱此書已，一時尚未能悟，亦可一面加功用行，一面以此宗門道眼辨別眞假善知識，避開錯誤之印證及歧路，可免大妄語業之長劫慘痛果報。欲修禪宗之禪者，務請細讀。平實導師著 售價500元（2007年起，凡購買公案拈提第一輯至第七輯，每購一輯皆贈送本公司精製公案拈提〈超意境〉CD一片，市售價格280元，多購多贈）。

楞伽經詳解：本經是禪宗見道者印證所悟眞僞之根本經典，亦是禪宗見道者悟後起修之依據經典；故達摩祖師於印證二祖慧可大師之後，將此經典連同佛鉢祖衣一併交付二祖，令其依此經典佛示金言、進入修道位，修學一切種智。由此可知此經對於眞悟之人修學佛道，是非常重要之一部經典。此經能破外道邪說，亦破佛門中錯悟名師之謬說，亦破禪宗部分祖師之狂禪：不讀經典、一向主張「一悟即成究竟佛」之謬執。並開示愚夫所行禪、觀察義禪、攀緣如禪、如來禪等差別，令行者對於三乘禪法差異有所分辨；亦糾正禪宗祖師古來對於如來禪之誤解，嗣後可免以訛傳訛之弊。此經亦是法相唯識宗之根本經典，禪者悟後欲修一切種智而入初地者，必須詳讀。 平實導師著，全套共十輯，已全部出版完畢，每輯主文約320頁，每冊約352頁，定價250元。

宗門血脈—公案拈提第**四**輯：末法怪象—許多修行人自以爲悟，每將無念靈知認作眞實；崇尚二乘法諸師及其徒眾，則將**外於如來藏之緣起性空**—無因論之無常空、斷滅空、一切法空—錯認爲 佛所說之般若空性。這兩種現象已於當今海峽兩岸及美加地區顯密大師之中普遍存在；人人自以爲悟，心高氣壯，便敢寫書解釋祖師證悟之公案，大多出於意識思惟所得，言不及義，錯誤百出，因此誤導廣大佛子同陷大妄語之地獄業中而不能自知。彼等書中所說之悟處，其實處處違背第一義經典之聖言量。彼等諸人不論是否身披袈裟，都非佛法宗門血脈，或雖有禪宗法脈之傳承，亦只徒具形式；猶如螟蛉，非眞血脈，未悟得根本眞實故。禪子欲知佛、祖之眞血脈者，請讀此書，便知分曉。平實導師著，主文452頁，全書464頁，定價500元（2007年起，凡購買公案拈提第一輯至第七輯，每購一輯皆贈送本公司精製公案拈提〈超意境〉CD一片，市售價格280元，多購多贈）。

宗通與說通：古今中外，錯誤之人如麻似粟，每以常見外道所說之靈知心，認作眞心；或妄想虛空之勝性能量爲眞如，或錯認物質四大元素藉冥性（靈知心本體）能成就吾人色身及知覺，或認初禪至四禪中之了知心爲不生不滅之涅槃心。此等皆非通宗者之見地。復有錯悟之人一向主張「宗門與教門不相干」，此即尚未通達宗門之人也。其實宗門與教門互通不二，宗門所證者乃是眞如與佛性，教門所說者乃說宗門證悟之眞如佛性，故教門與宗門不二。本書作者以宗教二門互通之見地，細說「宗通與說通」，從初見道至悟後起修之道、細說分明；並將諸宗諸派在整體佛教中之地位與次第，加以明確之教判，學人讀之即可了知佛法之梗概也。欲擇明師學法之前，允宜先讀。平實導師著，主文共381頁，全書392頁，只售成本價300元。

宗門正道—**公案拈提**第五輯：修學大乘佛法有二果須證解脫果及大菩提果。二乘人不證大菩提果，唯證解脫果；此果之智慧，名爲聲聞菩提、緣覺菩提。大乘佛子所證二果之菩提果爲佛菩提，故名大菩提果，其慧名爲一切種智函蓋二乘解脫果。然此大乘二果修證，須經由禪宗之宗門證悟方能相應。而宗門證悟極難，自古已然；其所以難者，咎在古今佛教界普遍存在三種邪見：1.以修定認作佛法，2.以無因論之緣起性空—否定涅槃本際如來藏以後之一切法空作爲佛法，3.以常見外道邪見（離語言妄念之靈知性）作爲佛法。如是邪見，或因自身正見未立所致，或因邪師之邪教導所致，或因無始劫來虛妄熏習所致。若不破除此三種邪見，永劫不悟宗門眞義、不入大乘正道，唯能外門廣修菩薩行。平實導師於此書中，有極爲詳細之說明，有志佛子欲摧邪見、入於內門修菩薩行者，當閱此書。主文共496頁，全書512頁。售價500元（2007年起，凡購買公案拈提第一輯至第七輯，每購一輯皆贈送本公司精製公案拈提〈超意境〉CD一片，市售價格280元，多購多贈）。

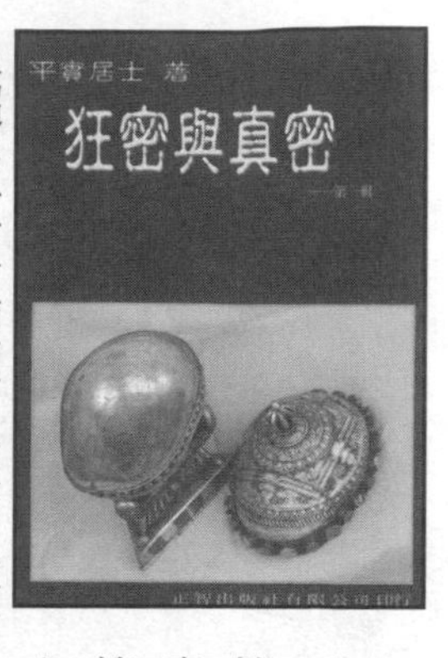

狂密與眞密：密教之修學，皆由有相之觀行法門而入，其最終目標仍不離顯教經典所說第一義諦之修證；若離顯教第一義經典、或違背顯教第一義經典，即非佛教。西藏密教之觀行法，如灌頂、觀想、遷識法、寶瓶氣、大聖歡喜雙身修法、喜金剛、無上瑜伽、大樂光明、樂空雙運等，皆是印度教**兩性生生不息思想之轉化**，**自始至終皆以如何能運用交合淫樂之法達到全身受樂**爲其中心思想，純屬欲界五欲的貪愛，不能令人超出欲界輪迴，更不能令人斷除我見；何況大乘之明心與見性，更無論矣！故密宗之法絕非佛法也。而其明光大手印、大圓滿法教，又皆同以常見外道所說**離語言妄念之無念靈知心**錯認爲佛地之眞如，不能直指不生不滅之眞如。西藏密宗所有法王與徒眾，都尚未開頂門眼，不能辨別眞僞，以**依人不依法、依密續不依經典**故，不肯將其上師喇嘛所說對照第一義經典，純依密續之藏密祖師所說爲準，因此而誇大其證德與證量，動輒謂彼祖師上師爲究竟佛、爲地上菩薩；如今台海兩岸亦有自謂其師證量高於 釋迦文佛者，然觀其師所述，猶未見道，仍在觀行即佛階段，尚未到禪宗相似即佛、分證即佛階位，竟敢標榜爲究竟佛及地上法王，誑惑初機學人。凡此怪象皆是狂密，不同於眞密之修行者。近年狂密盛行，密宗行者被誤導者極眾，動輒自謂已證佛地眞如，自視爲究竟佛，陷於大妄語業中而不知自省，反謗顯宗眞修實證者之證量粗淺；或如義雲高與釋性圓…等人，於報紙上公然誹謗眞實證道者爲「騙子、無道人、人妖、癩蛤蟆…」等，造下誹謗大乘勝義僧之大惡業；或以外道法中有爲有作之甘露、魔術……等法，誑騙初機學人，狂言彼外道法爲眞佛法。如是怪象，在西藏密宗及附藏密之外道中，不一而足，舉之不盡，學人宜應愼思明辨，以免上當後又犯毀破菩薩戒之重罪。密宗學人若欲遠離邪知邪見者，請閱此書，即能了知密宗之邪謬，從此遠離邪見與邪修，轉入眞正之佛道。

平實導師著 共四輯 每輯約400頁（主文約340頁）每輯售價300元。

宗門正義—**公案拈提**第六輯：佛教有六大危機，乃是藏密化、世俗化、膚淺化、學術化、宗門密意失傳、悟後進修諸地之次第混淆；其中尤以宗門密意之失傳，爲當代佛教最大之危機。由宗門密意失傳故，易令世尊本懷普被錯解，易令 世尊正法被轉易爲外道法，以及加以淺化、世俗化，是故宗門密意之廣泛弘傳與具緣佛弟子，極爲重要。然而欲令宗門密意之廣泛弘傳予具緣之佛弟子者，必須同時配合錯誤知見之解析、普令佛弟子知之，然後輔以公案解析之直示入處，方能令具緣之佛弟子悟入。而此二者，皆須以公案拈提之方式爲之，方易成其功、竟其業，是故平實導師續作宗門正義一書，以利學人。　全書500餘頁，售價500元（2007年起，凡購買公案拈提第一輯至第七輯，每購一輯皆贈送本公司精製公案拈提〈超意境〉CD一片，市售價格280元，多購多贈）。

心經密意—心經與解脫道、佛菩提道、祖師公案之關係與密意。二乘菩提所證之解脫道，實依第八識心之斷除煩惱障現行而立解脫之名；大乘菩提所證之佛菩提道，實依親證第八識如來藏之涅槃性、清淨自性、及其中道性而立般若之名；禪宗祖師公案所證之眞心，即是此第八識如來藏；是故三乘佛法所修所證之三乘菩提，皆依此如來藏心而立名也。此第八識心，即是《心經》所說之心也。證得此如來藏已，即能漸入大乘佛菩提道，亦可因證知此心而了知二乘無學所不能知之無餘涅槃本際，是故《心經》之密意，與三乘佛菩提之關係極爲密切、不可分割，三乘佛法皆依此心而立名故。今者平實導師以其所證解脫道之無生智及佛菩提之般若種智，將《心經》與解脫道、佛菩提道、祖師公案之關係與密意，以演講之方式，用淺顯之語句和盤托出，發前人所未言，呈三乘菩提之眞義，令人藉此《心經密意》一舉而窺三乘菩提之堂奧，迴異諸方言不及義之說；欲求眞實佛智者、不可不讀！主文317頁，連同跋文及序文…等共384頁，售價300元。

宗門密意——公案拈提第七輯：佛教之世俗化，將導致學人以信仰作為學佛，則將以感應及世間法之庇祐，作為學佛之主要目標，不能了知學佛之主要目標為親證三乘菩提。大乘菩提則以般若實相智慧為主要修習目標，以二乘菩提解脫道為附帶修習之標的；是故學習大乘法者，應以禪宗之證悟為要務，能親入大乘菩提之實相般若智慧中故，般若實相智慧非二乘聖人所能知故。此書則以台灣世俗化佛教之三大法師，說法似是而非之實例，配合眞悟祖師之公案解析，提示證悟般若之關節，令學人易得悟入。平實導師著，全書五百餘頁，售價500元（2007年起，凡購買公案拈提第一輯至第七輯，每購一輯皆贈送本公司精製公案拈提〈超意境〉CD一片，市售價格280元，多購多贈）。

淨土聖道——兼評日本本願念佛：佛法甚深極廣，般若玄微，非諸二乘聖僧所能知之，一切凡夫更無論矣！所謂一切證量皆歸淨土是也！是故大乘法中「聖道之淨土、淨土之聖道」，其義甚深，難可了知；乃至眞悟之人，初心亦難知也。今有正德老師眞實證悟後，復能深探淨土與聖道之緊密關係，憐憫眾生之誤會淨土實義，亦欲利益廣大淨土行人同入聖道，同獲淨土中之聖道門要義，乃振奮心神、書以成文，今得刊行天下。主文279頁，連同序文等共301頁，總有十一萬六千餘字，正德老師著，成本價200元。

起信論講記：詳解大乘起信論**心生滅門**與**心眞如門**之眞實意旨，消除以往大師與學人對起信論所說**心生滅門**之誤解，由是而得了知眞心如來藏之非常非斷中道正理；亦因此一講解，令此論以往隱晦而被誤解之眞實義，得以如實顯示，令大乘佛菩提道之正理得以顯揚光大；初機學者亦可藉此正論所顯示之法義，對大乘法理生起正信，從此得以眞發菩提心，眞入大乘法中修學，世世常修菩薩正行。平實導師演述，共六輯，都已出版，每輯三百餘頁，售價250元。

優婆塞戒經講記：本經詳述在家菩薩修學大乘佛法，應如何受持菩薩戒？對人間善行應如何看待？對三寶應如何護持？應如何正確地修集此世後世證法之福德？應如何修集後世「行菩薩道之資糧」？並詳述第一義諦之正義：五蘊非我非異我、自作自受、異作異受、不作不受……等深妙法義，乃是修學大乘佛法、行菩薩行之在家菩薩所應當了知者。出家菩薩今世或未來世登地已，捨報之後多數將如華嚴經中諸大菩薩，以在家菩薩身而修行菩薩行，故亦應以此經所述正理而修之，配合《楞伽經、解深密經、楞嚴經、華嚴經》等道次第正理，方得漸次成就佛道；故此經是一切大乘行者皆應證知之正法。平實導師講述，每輯三百餘頁，售價各250元；共八輯，已全部出版。

真假活佛—略論附佛外道盧勝彥之邪說：人人身中都有眞活佛，永生不滅而有大神用，但眾生都不了知，所以常被身外的西藏密宗假活佛籠罩欺瞞。本來就眞實存在的眞活佛，才是眞正的密宗無上密！諾那活佛因此而說禪宗是大密宗，但藏密的所有活佛都不知道、也不曾實證自身中的眞活佛。本書詳實宣示眞活佛的道理，舉證盧勝彥的「佛法」不是眞佛法，也顯示盧勝彥是假活佛，直接的闡釋第一義佛法見道的眞實正理。眞佛宗的所有上師與學人們，都應該詳細閱讀，包括盧勝彥個人在內。正犀居士著，優惠價140元。

阿含正義—唯識學探源：廣說四大部《阿含經》諸經中隱說之眞正義理，一一舉示佛陀本懷，令阿含時期初轉法輪根本經典之眞義，如實顯現於佛子眼前。並提示末法大師對於阿含眞義誤解之實例，一一比對之，證實唯識增上慧學確於原始佛法之阿含諸經中已隱覆密意而略說之，證實 世尊確於原始佛法中已曾密意而說第八識如來藏之總相；亦證實 世尊在四阿含中已說此藏識是名色十八界之因、之本—證明如來藏是能生萬法之根本心。佛子可據此修正以往受諸大師（譬如西藏密宗應成派中觀師：印順、昭慧、性廣、大願、達賴、宗喀巴、寂天、月稱、……等人）誤導之邪見，建立正見，轉入正道乃至親證初果而無困難；書中並詳說三果所證的**心解脫**，以及四果**慧解脫**的親證，都是如實可行的具體知見與行門。全書共七輯，已出版完畢。平實導師著，每輯三百餘頁，售價300元。

超意境CD：以平實導師公案拈提書中超越意境之頌詞，加上曲風優美的旋律，錄成令人嚮往的超意境歌曲，其中包括正覺發願文及平實導師親自譜成的黃梅調歌曲一首。詞曲雋永，殊堪翫味，可供學禪者吟詠，有助於見道。內附設計精美的彩色小冊，解說每一首詞的背景本事。每片280元。【每購買公案拈提書籍一冊，即贈送一片。】

鈍鳥與靈龜：鈍鳥及靈龜二物，被宗門證悟者說爲二種人：前者是精修禪定而無智慧者，也是以定爲禪的愚癡禪人；後者是或有禪定、或無禪定的宗門證悟者，凡已證悟者皆是靈龜。但後來被人虛造事實，用以嘲笑大慧宗杲禪師，說他雖是靈龜，卻不免被天童禪師預記「患背」痛苦而亡：「**鈍鳥離巢易，靈龜脫殼難。**」藉以貶低大慧宗杲的證量。同時將天童禪師實證如來藏的證量，曲解爲意識境界的離念靈知。自從大慧禪師入滅以後，錯悟凡夫對他的不實毀謗就一直存在著，不曾止息，並且捏造的假事實也隨著年月的增加而越來越多，終至編成「鈍鳥與靈龜」的假公案、假故事。本書是考證大慧與天童之間的不朽情誼，顯現這件假公案的虛妄不實；更見大慧宗杲面對惡勢力時的正直不阿，亦顯示大慧對天童禪師的至情深義，將使後人對大慧宗杲的誣謗至此而止，不再有人誤犯毀謗賢聖的惡業。書中亦舉證宗門的所悟確以第八識如來藏爲標的，詳讀之後必可改正以前被錯悟大師誤導的參禪知見，日後必定有助於實證禪宗的開悟境界，得階大乘眞見道位中，即是實證般若之賢聖。全書459頁，售價350元。

我的菩提路第一輯：凡夫及二乘聖人不能實證的佛菩提證悟，末法時代的今天仍然有人能得實證，由正覺同修會釋悟圓、釋善藏法師等二十餘位實證如來藏者所寫的見道報告，已爲當代學人見證宗門正法之絲縷不絕，證明大乘義學的法脈仍然存在，爲末法時代求悟般若之學人照耀出光明的坦途。由二十餘位大乘見道者所繕，敘述各種不同的學法、見道因緣與過程，參禪求悟者必讀。全書三百餘頁，售價300元。

我的菩提路第二輯：由郭正益老師等人合著，書中詳述彼等諸人歷經各處道場學法，一一修學而加以檢擇之不同過程以後，因閱讀正覺同修會、正智出版社書籍而發起抉擇分，轉入正覺同修會中修學；乃至學法及見道之過程，都一一詳述之。其中張志成等人係由前現代禪轉進正覺同修會，張志成原爲現代禪副宗長，以前未閱本會書籍時，曾被人藉其名義著文評論 平實導師（詳見《宗通與說通》辨正及《眼見佛性》書末附錄…等）；後因偶然接觸正覺同修會書籍，深覺以前聽人評論平實導師之語不實，於是投入極多時間閱讀本會書籍、深入思辨，詳細探索中觀與唯識之關聯與異同，認爲正覺之法義方是正法，深覺相應；亦解開多年來對佛法的迷雲，確定應依八識論正理修學方是正法。乃不顧面子，毅然前往正覺同修會面見平實導師懺悔，並正式學法求悟。今已與其同修王美伶（亦爲前現代禪傳法老師），同樣證悟如來藏而證得法界實相，生起實相般若眞智。此書中尙有七年來本會第一位眼見佛性者之見性報告一篇，一同供養大乘佛弟子。全書共四百頁，售價300元。

維摩詰經講記：本經係 世尊在世時，由等覺菩薩維摩詰居士藉疾病而演說之大乘菩提無上妙義，所說函蓋甚廣，然極簡略，是故今時諸方大師與學人讀之悉皆錯解，何況能知其中隱含之深妙正義，是故普遍無法爲人解說；若強爲人說，則成依文解義而有諸多過失。今由平實導師公開宣講之後，詳實解釋其中密意，令維摩詰菩薩所說大乘不可思議解脫之深妙正法得以正確宣流於人間，利益當代學人及與諸方大師。書中詳實演述大乘佛法深妙不共二乘之智慧境界，顯示諸法之中絕待之實相境界，建立大乘菩薩妙道於永遠不敗不壞之地，以此成就護法偉功，欲冀永利娑婆人天。已經宣講圓滿整理成書流通，以利諸方大師及諸學人。全書共六輯，每輯三百餘頁，售價各250元。

真假外道：本書具體舉證佛門中的常見外道知見實例，並加以教證及理證上的辨正，幫助讀者輕鬆而快速的了知常見外道的錯誤知見，進而遠離佛門內外的常見外道知見，因此即能改正修學方向而快速實證佛法。游正光老師著。成本價200元。

勝鬘經講記：如來藏爲三乘菩提之所依，若離如來藏心體及其含藏之一切種子，即無三界有情及一切世間法，亦無二乘菩提緣起性空之出世間法；本經詳說無始無明、一念無明皆依如來藏而有之正理，藉著詳解煩惱障與所知障間之關係，令學人深入了知二乘菩提與佛菩提相異之妙理；聞後即可了知佛菩提之特勝處及三乘修道之方向與原理，邁向攝受正法而速成佛道的境界中。平實導師講述，共六輯，每輯三百餘頁，售價各250元。

楞嚴經講記：楞嚴經係密教部之重要經典，亦是顯教中普受重視之經典；經中宣說明心與見性之內涵極爲詳細，將一切法都會歸如來藏及佛性—妙眞如性；亦闡釋佛菩提道修學過程中之種種魔境，以及外道誤會涅槃之狀況，旁及三界世間之起源。然因言句深澀難解，法義亦復深妙寬廣，學人讀之普難通達，是故讀者大多誤會，不能如實理解佛所說之明心與見性內涵，亦因是故多有悟錯之人引爲開悟之證言，成就大妄語罪。今由平實導師詳細講解之後，整理成文，以易讀易懂之語體文刊行天下，以利學人。全書十五輯，全部出版完畢。每輯三百餘頁，售價每輯300元。

明心與眼見佛性：本書細述明心與眼見佛性之異同，同時顯示了中國禪宗破初參明心與重關眼見佛性二關之間的關聯；書中又藉法義辨正而旁述其他許多勝妙法義，讀後必能遠離佛門長久以來積非成是的錯誤知見，令讀者在佛法的實證上有極大助益。也藉慧廣法師的謬論來教導佛門學人回歸正知正見，遠離古今禪門錯悟者所墮的意識境界，非唯有助於斷我見，也對未來的開悟明心實證第八識如來藏有所助益，是故學禪者都應細讀之。游正光老師著　共448頁

售價300元。

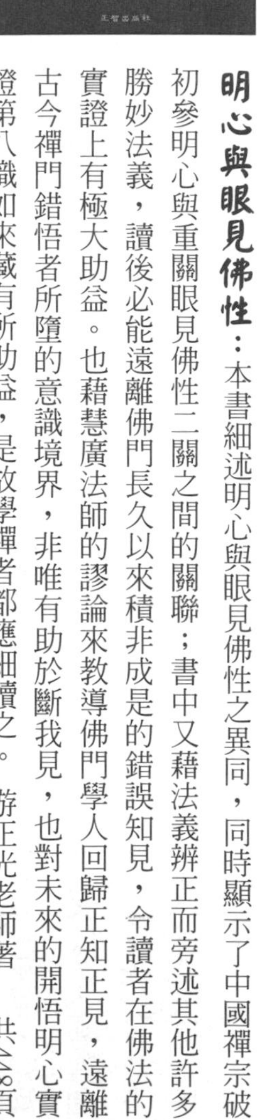

菩薩底憂鬱CD將菩薩情懷及禪宗公案寫成新詞，並製作成超越意境的優美歌曲。1.主題曲〈菩薩底憂鬱〉，描述地後菩薩能離三界生死而迴向繼續生在人間，但因尚未斷盡習氣種子而有極深沈之憂鬱，非三賢位菩薩及二乘聖者所知，此憂鬱在七地滿心位方才斷盡；本曲之詞中所說義理極深，昔來所未曾見；此曲係以優美的情歌風格寫詞及作曲，聞者得以激發嚮往諸地菩薩境界之大心，詞、曲都非常優美，難得一見；其中勝妙義理之解說，已印在附贈之彩色小冊中。2.以各輯公案拈提中直示禪門入處之頌文，作成各種不同曲風之超意境歌曲，值得玩味、參究；聆聽公案拈提之優美歌曲時，請同時閱讀內附之印刷精美說明小冊，可以領會超越三界的證悟境界；未悟者可以因此引發求悟之意向及疑情，眞發菩提心而邁向求悟之途，乃至因此眞實悟入般若，成眞菩薩。3.正覺總持咒新曲，總持佛法大意；總持咒之義理，已加以解說並印在隨附之小冊中。本CD共有十首歌曲，長達63分鐘，附贈二張購書優惠券。每片280元。

禪意無限CD平實導師以公案拈提書中偈頌寫成不同風格曲子，與他人所寫不同風格曲子共同錄製出版，幫助參禪人進入禪門超越意識之境界。盒中附贈彩色印製的精美解說小冊，以供聆聽時閱讀，令參禪人得以發起參禪之疑情，即有機會證悟本來面目，實證大乘菩提般若。本CD共有十首歌曲，長達69分鐘，每盒各附贈二張購書優惠券。每片280元。

金剛經宗通：三界唯心，萬法唯識，是成佛之修證內容，是諸地菩薩之所修；般若則是成佛之道（實證三界唯心、萬法唯識）的入門，若未證悟實相般若，即無成佛之可能，必將永在外門廣行菩薩六度，永在凡夫位中。然而實相般若的發起，全賴實證萬法的實相；若欲證知萬法的眞相，則必須探究萬法之所從來，則須實證自心如來—金剛心如來藏，然後現觀這個金剛心的金剛性、眞實性、如如性、清淨性、涅槃性、能生萬法的自性性、本住性，名爲證眞如；進而現觀三界六道唯是此金剛心所成，人間萬法須藉八識心王和合運作方能現起。如是實證《華嚴經》的「三界唯心、萬法唯識」以後，由此等現觀而發起實相般若智慧，繼續進修第十住位的如幻觀、第十行位的陽焰觀、第十迴向位的如夢觀，再生起增上意樂而勇發十無盡願，方能滿足三賢位的實證，轉入初地；自知成佛之道而無偏倚，從此按部就班、次第進修乃至成佛。第八識自心如來是般若智慧之所依，般若智慧的修證則要從實證金剛心自心如來開始；《金剛經》則是解說自心如來之經典，是一切三賢位菩薩所應進修之實相般若經典。這一套書，是將平實導師宣講的《金剛經宗通》內容，整理成文字而流通之；書中所說義理，迥異古今諸家依文解義之說，指出大乘見道方向與理路，有益於禪宗學人求開悟見道，及轉入內門廣修六度萬行。講述完畢後結集出版，總共9輯，每輯約三百餘頁，售價各250元。

空行母—性別、身分定位，以及藏傳佛教：本書作者爲蘇格蘭哲學家，因爲嚮往佛教深妙的哲學內涵，於是進入當年盛行於歐美的假藏傳佛教密宗，擔任卡盧仁波切的翻譯工作多年以後，被邀請成爲卡盧的空行母（又名佛母、明妃），開始了她在密宗裡的實修過程；後來發覺在密宗雙身法中的修行，其實無法使自己成佛，也發覺密宗對女性岐視而處處貶抑，並剝奪女性在雙身法中擔任一半角色時應有的身分定位。當她發覺自己只是雙身法中被喇嘛利用的工具，沒有獲得絲毫應有的尊重與基本定位時，發現了密宗的父權社會控制女性的本質；於是作者傷心地離開了卡盧仁波切與密宗，但是卻被恐嚇不許講出她在密宗裡的經歷，也不許她說出自己對密宗的教義與教制下對女性剝削的本質，否則將被咒殺死亡。後來她去加拿大定居，十餘年後方才擺脫這個恐嚇陰影，下定決心將親身經歷的實情及觀察到的事實寫下來並且出版，公諸於世。出版之後，她被流亡的達賴集團人士大力攻訐，誣指她爲精神狀態失常、說謊……等。但有智之士並未被達賴集團的政治操作及各國政府政治運作吹捧達賴的表相所欺，使她的書銷售無阻而又再版。正智出版社鑑於作者此書是親身經歷的事實，所說具有針對「藏傳佛教」而作學術研究的價值，也有使人認清假藏傳佛教剝削佛母、明妃的男性本位實質，因此洽請作者同意中譯而出版於華人地區。珍妮・坎貝爾女士著，呂艾倫 中譯，每冊250元。

霧峰無霧—給哥哥的信：本書作者藉兄弟之間信件往來論義，略述佛法大義；並以多篇短文辨義，舉出釋印順對佛法的無量誤解證據，並一一給予簡單而清晰的辨正，令人一讀即知。久讀、多讀之後即能認清楚釋印順的六識論見解，與眞實佛法之牴觸是多麼嚴重；於是在久讀、多讀之後，於不知不覺之間提升了對佛法的極深入理解，正知正見就在不知不覺間建立起來了。當三乘佛法的正知見建立起來之後，對於三乘菩提的見道條件便將隨之具足，於是聲聞解脫道的見道也就水到渠成；接著大乘見道的因緣也將次第成熟，未來自然也會有親見大乘菩提之道的因緣，悟入大乘實相般若也將自然成功，自能通達般若系列諸經而成實義菩薩。作者居住於南投縣霧峰鄉，自喻見道之後不復再見霧峰之霧，故鄉原野美景一一明見，於是立此書名爲《霧峰無霧》；讀者若欲撥霧見月，可以此書爲緣。游宗明 老師著 售價250元。

假藏傳佛教的神話—性、謊言、喇嘛教：本書編著者是由一首名叫「阿姊鼓」的歌曲爲緣起，展開了序幕，揭開假藏傳佛教—喇嘛教—的神祕面紗。其重點是蒐集、摘錄網路上質疑「喇嘛教」的帖子，以揭穿「假藏傳佛教的神話」爲主題，串聯成書，並附加彩色插圖以及說明，讓讀者們瞭解西藏密宗及相關人事如何被操作爲「神話」的過程，以及神話背後的眞相。作者：張正玄教授。售價200元。

達賴真面目—玩盡天下女人：假使您不想戴綠帽子，請記得詳細閱讀此書；假使您不想讓好朋友戴綠帽子，請您將此書介紹給您的好朋友。假使您想保護家中的女性，也想要保護好朋友的女眷，請記得將此書送給家中的女性和好友的女眷都來閱讀。本書爲印刷精美的大本彩色中英對照精裝本，爲您揭開達賴喇嘛的眞面目，內容精彩不容錯過，爲利益社會大眾，特別以優惠價格嘉惠所有讀者。編著者：白志偉等。大開版雪銅紙彩色精裝本。售價800元。

喇嘛性世界—揭開假藏傳佛教譚崔瑜伽的面紗：這個世界中的喇嘛，號稱來自世外桃源的香格里拉，穿著或紅或黃的喇嘛長袍，散布於我們的身邊傳教灌頂，吸引了無數的人嚮往學習；這些喇嘛虔誠地爲大眾祈福，手中拿著寶杵（金剛）與寶鈴（蓮花），口中唸著咒語：「唵·嘛呢·叭咪·吽……」，咒語的意思是說：「我至誠歸命金剛杵上的寶珠伸向蓮花寶穴之中」！「喇嘛性世界」是什麼樣的「世界」呢？本書將爲您呈現喇嘛世界的面貌。當您發現眞相以後，您將會唸：「噢！喇嘛·性·世界，譚崔性交嘛！」作者：張善思、呂艾倫。售價200元。

末代達賴——性交教主的悲歌：簡介從藏傳僞佛教（喇嘛教）的修行核心——性力派男女雙修，探討達賴喇嘛及藏傳僞佛教的修行內涵。書中引用外國知名學者著作、世界各地新聞報導，包含：歷代達賴喇嘛的祕史、達賴六世修雙身法的事蹟，以及《時輪續》中的性交灌頂儀式……等；達賴喇嘛書中開示的雙修法、達賴喇嘛的黑暗政治手段；達賴喇嘛所領導的寺院爆發喇嘛性侵兒童；新聞報導《西藏生死書》作者索甲仁波切性侵女信徒、澳洲喇嘛秋達公開道歉、美國最大假藏傳佛教組織領導人邱陽創巴仁波切的性氾濫；等等事件背後眞相的揭露。作者：張善思、呂艾倫、辛燕。售價250元。

第七意識與第八意識？——穿越時空「超意識」：「三界唯心，萬法唯識」是佛教中應該實證的聖教，也是《華嚴經》中明載而可以實證的法界實相。唯心者，三界一切境界、一切諸法唯是一心所成就，即是每一個有情的第八識如來藏，不是意識心。唯識者，即是人類各各都具足的八識心王——眼識、耳鼻舌身意識、意根、阿賴耶識，第八阿賴耶識又名如來藏，人類五陰相應的萬法，莫不由八識心王共同運作而成就，故說萬法唯識。依聖教量及現量、比量，都可以證明意識是二法因緣生，是由第八識藉意根與法塵二法爲因緣而出生，又是夜夜斷滅不存之生滅心，即無可能反過來出生第七識意根、第八識如來藏，當知不可能從生滅性的意識心中，細分出恆審思量的第七識意根，更無可能細分出恆而不審的第八識如來藏。本書是將演講內容整理成文字，細說如是內容，並已在〈正覺電子報〉連載完畢，今彙集成書以廣流通，欲幫助佛門有緣人斷除意識我見，跳脫於識陰之外而取證聲聞初果；嗣後修學禪宗時即得不墮外道神我之中，得以求證第八識金剛心而發起般若實智。平實導師 述，每冊300元。

黯淡的達賴—失去光彩的諾貝爾和平獎：本書舉出很多證據與論述，詳述達賴喇嘛不為世人所知的一面，顯示達賴喇嘛並不是眞正的和平使者，而是假借諾貝爾和平獎的光環來欺騙世人；透過本書的說明與舉證，讀者可以更清楚的瞭解，達賴喇嘛是結合暴力、黑暗、淫欲於喇嘛教裡的集團首領，其政治行為與宗教主張，早已讓諾貝爾和平獎的光環染污了。 本書由財團法人正覺教育基金會寫作、編輯，由正覺出版社印行，每冊250元。

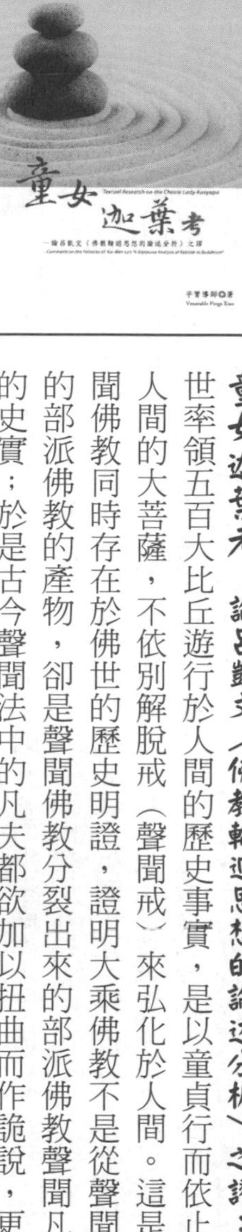

童女迦葉考—論呂凱文〈佛教輪迴思想的論述分析〉之謬：童女迦葉是佛世率領五百大比丘遊行於人間的歷史事實，是以童貞行而依止菩薩戒弘化於人間的大菩薩，不依別解脫戒（聲聞戒）來弘化於人間。這是大乘佛教與聲聞佛教同時存在於佛世的歷史明證，證明大乘佛教不是從聲聞法中分裂出來的部派佛教的產物，卻是聲聞佛教分裂出來的部派佛教聲聞凡夫僧所不樂見的史實；於是古今聲聞法中的凡夫都欲加以扭曲而作詭說，更是末法時代高聲大呼「大乘非佛說」的六識論聲聞凡夫極力想要扭曲的佛教史實之一，於是想方設法扭曲迦葉菩薩為聲聞僧，以及扭曲迦葉童女為比丘僧等荒謬不實之論著便陸續出現，古時聲聞僧寫作的《分別功德論》是最具體之事例，現代之代表作則是呂凱文先生的〈佛教輪迴思想的論述分析〉論文。鑑於如是假藉學術考證以籠罩大眾之不實謬論，未來仍將繼續造作及流竄於佛教界，繼續扼殺大乘佛教學人法身慧命，必須舉證辨正之，遂成此書。平實導師 著，每冊180元。

人間佛教——實證者必定不悖三乘菩提：「大乘非佛說」的講法似乎流傳已久，卻只是日本人企圖擺脫中國正統佛教的影響，而在明治維新時期才開始提出來的說法；台灣佛教、大陸佛教的淺學無智之人，由於未曾實證佛法而迷信日本人錯誤的學術考證，錯認爲這些別有用心的日本佛學考證的講法爲天竺佛教的眞實歷史；甚至還有更激進的反對佛教者提出「釋迦牟尼佛並非眞實存在，只是後人捏造的假歷史人物」，竟然也有少數人願意跟著「學術」的假光環而信受不疑，於是開始有一些佛教界人士造作了反對中國佛教而推崇南洋小乘佛教的行爲，使佛教的信仰者難以檢擇，導致一般大陸人士開始轉入基督教的盲目迷信中。在這些佛教及外教人士之中，也就有一分人根據此邪說而大聲主張「大乘非佛說」的謬論，這些人以「人間佛教」的名義來抵制中國正統佛教，公然宣稱中國的大乘佛教是由聲聞部派佛教的凡夫僧所創造出來的。這樣的說法流傳於台灣及大陸佛教界凡夫僧之中已久，卻非眞正的佛教歷史中曾經發生過的事，只是繼承六識論的聲聞法中凡夫僧依自己的意識境界立場，純憑臆想而編造出來的妄想說法，卻已經影響許多無智之凡夫僧俗信受不移。本書則是從佛教的經藏法義實質及實證的現量內涵本質立論，證明大乘佛法本是佛說，是從《阿含正義》尚未說過的不同面向來討論「人間佛教」的議題，證明「大乘眞佛說」。閱讀本書可以斷除六識論邪見，迴入三乘菩提正道發起實證的因緣；也能斷除禪宗學人學禪時普遍存在之錯誤知見，對於建立參禪時的正知見有很深的著墨。平實導師 述，內文488頁，全書528頁，定價400元。

見性與看話頭：黃正倖老師的《見性與看話頭》於《正覺電子報》連載完畢，今集結出版。書中詳說禪宗看話頭的詳細方法，並細說看話頭與眼見佛性的關係，以及眼見佛性者求見佛性前必須具備的條件。本書是禪宗實修者追求明心開悟時參禪的方法書，也是求見佛性者作功夫時必讀的方法書，內容兼顧眼見佛性的理論與實修之方法，是依實修之體驗配合理論而詳述，條理分明而且極爲詳實、周全、深入。本書內文375頁，全書416頁，售價300元。

實相經宗通：學佛之目的在於實證一切法界背後之實相，禪宗稱之爲本來面目或本地風光，佛菩提道中稱之爲實相法界；此實相法界即是金剛藏，又名佛法之祕密藏，即是能生有情五陰、十八界及宇宙萬有（山河大地、諸天、三惡道世間）的第八識如來藏，又名阿賴耶識心，即是禪宗祖師所說的眞如心，此心即是三界萬有背後的實相。證得此第八識心時，自能瞭解般若諸經中隱說的種種密意，即得發起實相般若——實相智慧。每見學佛人修學佛法二十年後仍對實相般若茫然無知，亦不知如何入門，茫無所趣；更因不知三乘菩提的互異互同，是故越是久學者對佛法越覺茫然，都肇因於尚未瞭解佛法的全貌，亦未瞭解佛法的修證內容即是第八識心所致。本書對於修學佛法者所應實證的實相境界提出明確解析，並提示趣入佛菩提道的入手處，有心親證實相般若的佛法實修者，宜詳讀之，於佛菩提道之實證即有下手處。平實導師述著，共八輯，全部出版完畢，每輯成本價250元。

中觀金鑑——詳述應成派中觀的起源與其破法本質：學佛人往往迷於中觀學派之不同學說，被應成派與自續派所迷惑；修學般若中觀二十年後自以爲實證般若中觀了，卻仍不曾入門，甫聞實證般若中觀者之所說，則茫無所知，迷惑不解；隨後信心盡失，不知如何實證佛法；凡此，皆因惑於這二派中觀學說所致。自續派中觀所說同於常見，以意識境界立爲第八識如來藏之境界，應成派所說則同於斷見，但又同立意識爲常住法，故亦具足斷常二見。今者孫正德老師有鑑於此，乃將起源於密宗的應成派中觀學說，追本溯源，詳考其來源之外，亦一一舉證其立論內容，詳加辨正，令密宗雙身法祖師以識陰境界而造之應成派中觀學說本質，詳細呈現於學人眼前，令其維護雙身法之目的無所遁形。若欲遠離密宗此二大派中觀謬說，欲於三乘菩提有所進道者，允宜具足閱讀並細加思惟，反覆讀之以後將可捨棄邪道返歸正道，則於般若之實證即有可能，證後自能現觀如來藏之中道境界而成就中觀。本書分上、中、下三冊，每冊250元，已全部出版完畢。

法華經講義：此書為平實導師始從2009/7/21演述至2014/1/14之講經錄音整理所成。世尊一代時教，總分五時三教，即是華嚴時、聲聞緣覺教、般若教、種智唯識教、法華時；依此五時三教區分為藏、通、別、圓四教。本經是最後一時的圓教經典，圓滿收攝一切法教於本經中，是故最後的圓教聖訓中，特地指出無有三乘菩提，其實唯有一佛乘；皆因眾生愚迷故，方便區分為三乘菩提以助眾生證道。世尊於此經中特地說明如來示現於人間的唯一大事因緣，便是為有緣眾生「開、示、悟、入」諸佛的所知所見——第八識如來藏妙真如心，並於諸品中隱說「妙法蓮花」如來藏心的密意。然因此經所說甚深難解，真義隱晦，古來難得有人能窺堂奧；平實導師以知如是密意故，特為末法佛門四眾演述《妙法蓮華經》中各品蘊含之密意，使古來未曾被古德註解出來的「此經」密意，如實顯示於當代學人眼前。乃至〈藥王菩薩本事品〉、〈妙音菩薩品〉、〈觀世音菩薩普門品〉、〈普賢菩薩勸發品〉中的微細密意，亦皆一併詳述之，開前人所未曾言之密意，示前人所未見之妙法。最後乃至以〈法華大意〉而總其成，全經妙旨貫通始終，而依佛旨圓攝於一心如來藏妙心，厥為曠古未有之大說也。平實導師述　已於2015/5/31起出版第一輯，每兩個月出版一輯，共25輯。每輯300元。

佛法入門：學佛人往往修學二十年後仍不知如何入門，茫無所入漫無方向，不知如何實證佛法；更因不知三乘菩提的互異互同之處，導致越是久學者越覺茫然，都是肇因於尚未瞭解佛法的全貌所致。本書對於佛法的全貌提出明確的輪廓，並說明三乘菩提的異同處，讀後即可輕易瞭解佛法全貌，數日內即可明瞭三乘菩提入門方向與下手處。○○菩薩著　出版日期未定。

修習止觀坐禪法要講記：修學四禪八定之人，往往錯會禪定之修學知見，欲以無止盡之坐禪而證禪定境界，卻不知修除性障之行門才是修證四禪八定不可或缺之要素，故智者大師云「性障初禪」；性障不除，初禪永不現前，云何修證二禪等？又：行者學定，若唯知數息，而不解六妙門之方便善巧者，欲求一心入定，極難可得，智者大師名之爲「事障未來」：障礙未到地定之修證。又禪定之修證，不可違背二乘菩提及第一義法，否則縱使具足四禪八定，亦不能實證涅槃而出三界。此諸知見，智者大師於《修習止觀坐禪法要》中皆有闡釋。作者平實導師以其第一義之見地及禪定之實證證量，曾加以詳細解析。將俟正覺寺竣工啓用後重講，不限制聽講者資格；講後將以語體文整理出版。欲修習世間定及增上定之學者，宜細讀之。平實導師述著。

解深密經講記：本經係 世尊晚年第三轉法輪，宣說地上菩薩所應熏修之唯識正義經典，經中所說義理乃是大乘一切種智增上慧學，以阿陀那識—如來藏—阿賴耶識爲主體。禪宗之證悟者，若欲修證初地無生法忍乃至八地無生法忍者，必須修學《楞伽經、解深密經》所說之八識心王一切種智；此二經所說正法，方是眞正成佛之道；印順法師否定如來藏之後所說萬法緣起性空之法，是以誤會後之二乘解脫道取代大乘眞正成佛之道，亦已墮於斷滅見中，不可謂爲成佛之道也。平實導師曾於本會郭故理事長往生時，於喪宅中從初七至第十七，宣講圓滿，作爲郭老之往生佛事功德，迴向郭老早證八地、速返娑婆住持正法；茲爲今時後世學人故，將擇期重講《解深密經》，以淺顯之語句講畢後將會整理成文，用供證悟者進道；亦令諸方未悟者，據此經中佛語正義，修正邪見，依之速能入道。平實導師述著，全書輯數未定，每輯三百餘頁，將於未來重講完畢後逐輯出版。

阿含經講記——小乘解脫道之修證：數百年來，南傳佛法所說證果之不實，所說解脫道之虛妄，所弘解脫道法義之世俗化，皆已少人知之；從南洋傳入台灣與大陸之後，所說法義虛謬之事，亦復少人知之；今時台灣全島印順系統之法師居士，多不知南傳佛法數百年來所說解脫道之義理已然偏斜、已然世俗化、已非眞正之二乘解脫正道，猶極力推崇與弘揚。彼等南傳佛法近代所謂之證果者多非眞實證果者，譬如阿迦曼、葛印卡、帕奧禪師、一行禪師……等人，悉皆未斷我見故。近年更有台灣南部大願法師，高抬南傳佛法之二乘修證行門爲「捷徑究竟解脫之道」者，然而南傳佛法縱使眞修實證，得成阿羅漢，至高唯是二乘菩提解脫之道，絕非究竟解脫，無餘涅槃中之實際尚未得證故，法界之實相尚未了知故，習氣種子待除故，一切種智未實證故，焉得謂爲「究竟解脫」？即使南傳佛法近代眞有實證之阿羅漢，尚且不及三賢位中之七住明心菩薩本來自性清淨涅槃智慧境界，則不能知此賢位菩薩所證之無餘涅槃實際，仍非大乘佛法中之見道者，何況普未實證聲聞果乃至未斷我見之人？謬充證果已屬逾越，更何況是誤會二乘菩提之後，以未斷我見之凡夫知見所說之二乘菩提解脫偏斜法道，焉可高抬爲「究竟解脫」？而且自稱「捷徑之道」？又妄言解脫之道即是成佛之道，完全否定般若實智、否定三乘菩提所依之如來藏心體，此理大大不通也！平實導師爲令修學二乘菩提欲證解脫果者，普得迴入二乘菩提正見、正道中，是故選錄四阿含諸經中，對於二乘解脫道法義有具足圓滿說明之經典，預定未來十年內將會加以詳細講解，令學佛人得以了知二乘解脫道之修證理路與行門，庶免被人誤導之後，未證言證，干犯道禁，成大妄語，欲升反墮。本書首重斷除我見，以助行者斷除我見而實證初果爲著眼之目標，若能根據此書內容，配合平實導師所著《識蘊眞義》《阿含正義》內涵而作實地觀行，實證初果非爲難事，行者可以藉此三書自行確認聲聞初果爲實際可得現觀成就之事。此書中除依二乘經典所說加以宣示外，亦依斷除我見等之證量，及大乘法中道種智之證量，對於意識心之體性加以細述，令諸二乘學人必定得斷我見、常見，免除三縛結之繫縛。次則宣示斷除我執之理，欲令升進而得薄貪瞋痴，乃至斷五下分結…等。平實導師述，共二冊，每冊三百餘頁。每輯300元。

＊喇嘛教修外道雙身法、墮識陰境界，非佛教＊

＊弘揚如來藏他空見的覺囊派才是真正藏傳佛教＊

總經銷： 飛鴻 國際行銷股份有限公司

231 新北市新店市中正路 501 之 9 號 2 樓

Tel.02－82186688（五線代表號） Fax.02-82186458、82186459

零售：1.**全台連鎖經銷書局：**

三民書局、誠品書局、何嘉仁書店

敦煌書店、紀伊國屋、金石堂書局、建宏書局

2.**台北市：**佛化人生 羅斯福路 3 段 325 號 6 樓之 4 台電大樓對面

士林圖書 士林區大東路 86 號 人人書局 大直北安路 524 號

3.**新北市：**春大地書店 **蘆洲**中正路 117 號 明達書局 **三重**五華街 129 號

一全書店 **中和**興南路一段 10 號

4.**桃園市縣：**誠品書局 **桃園市**中正路 20 號遠東百貨地下室一樓

金石堂 **桃園市**大同路 24 號 金石堂 **桃園**八德市介壽路 1 段 987 號

諾貝爾圖書城 **桃園市**中正路 56 號地下室 金義堂 **中壢市**中美路2段82號

墊腳石文化書店 **中壢市**中正路 89 號 巧巧屋書局 **蘆竹**南崁路 263 號

來電書局 **大溪**慈湖路 30 號 御書堂 **龍潭**中正路 123 號

5.**新竹市縣：**大學書局 **新竹**建功路 10 號 誠品書局 **新竹**東區信義街 68 號

誠品書局 **新竹**東區中央路 229 號 5 樓 誠品書局 **新竹**東區力行二路 3 號

墊腳石文化書店 **新竹**中正路 38 號 金典文化 **竹北**中正西路 47 號

展書堂 **竹東**長春路 3 段 36 號

6.**苗栗市縣：**萬花筒書局**苗栗市**府東路 73 號 展書堂 **竹南**民權街 49-2 號

7.**台中市：** 瑞成書局、各大連鎖書店。

詠春書局 **台中市**永春東路 884 號 文春書局 **霧峰**中正路 1087 號

8.**彰化市縣：**心泉佛教流通處 **彰化市**南瑤路 286 號

員林鎮：墊腳石圖書文化廣場 中山路 2 段 49 號（04-8338485）

9.**台南市：**博大書局 **新營**三民路 128 號

藝美書局 **善化**中山路 436 號 宏欣書局 **佳里**光復路 214 號

10.**高雄市：**各大連鎖書店、**瑞成書局**

政大書城 **三民區**明仁路 161 號 政大書城 **苓雅區**光華路 148-83 號

明儀書局 **三民區**明福街 2 號 明儀書局 三多四路 63 號

青年書局 青年一路 141 號

11.**宜蘭縣市：**金隆書局 宜蘭市中山路 3 段 43 號

宋太太梅鋪 羅東鎮中正北路 101 號（039-534909）

12.**台東市：**東普佛教文物流通處 台東市博愛路 282 號

13.**其餘鄉鎮市經銷書局：**請電詢總經銷**飛鴻**公司。

14.**大陸地區請洽：**

香港：樂文書店

旺角店 :香港九龍旺角西洋菜街 62 號 3 樓

電話 : (852) 2390 3723 email: luckwinbooks@gmail.com

銅鑼灣店 :香港銅鑼灣駱克道 506 號 2 樓
電話 :(852) 2881 1150 email: luckwinbs@gmail.com

廈門：廈門外圖臺灣書店有限公司
地址:廈門市思明區湖濱南路809 號 廈門外圖書城3 樓 郵編:361004
電話：0592-5061658（臺灣地區請撥打 86-592-5061658）
E-mail：JKB118@188.COM

15.**美國：世界日報圖書部：**紐約圖書部 電話 7187468889#6262
洛杉磯圖書部 電話 3232616972#202

16.**國內外地區網路購書：**

正智出版社 書香園地 http://books.enlighten.org.tw/
（書籍簡介、直接聯結下列網路書局購書）

三民 網路書局 http://www.Sanmin.com.tw
誠品 網路書局 http://www.eslitebooks.com
博客來 網路書局 http://www.books.com.tw
金石堂 網路書局 http://www.kingstone.com.tw
飛鴻 網路書局 http://fh6688.com.tw

附註：1.請儘量向各經銷書局購買：郵政劃撥需要十天才能寄到（本公司在您劃撥後第四天才能接到劃撥單，次日寄出後第四天您才能收到書籍，此八天中一定會遇到週休二日，是故共需十天才能收到書籍）若想要早日收到書籍者，請劃撥完畢後，將劃撥收據貼在紙上，旁邊寫上您的姓名、住址、郵區、電話、買書詳細內容，直接傳眞到本公司 02-28344822，並來電 02-28316727、28327495 確認是否已收到您的傳眞，即可提前收到書籍。 2.因台灣每月皆有五十餘種宗教類書籍上架，書局書架空間有限，故唯有新書方有機會上架，通常每次只能有一本新書上架；本公司出版新書，大多上架不久便已售出，若書局未再叫貨補充者，書架上即無新書陳列，則請直接向書局櫃台訂購。 3.若書局不便代購時，可於晚上共修時間向正覺同修會各共修處請購（共修時間及地點，詳閱**共修現況表**。每年例行年假期間請勿前往請書，年假期間請見共修現況表）。 4.郵購：郵政劃撥帳號 19068241。 5.正覺同修會會員購書都以八折計價（戶籍台北市者爲一般會員，外縣市爲護持會員）都可獲得優待，欲一次購買全部書籍者，可以考慮入會，節省書費。入會費一千元（第一年初加入時才需要繳），年費二千元。**6.尚未出版之書籍，請勿預先郵寄書款與本公司，謝謝您！** 7.若欲一次購齊本公司書籍，或同時取得正覺同修會贈閱之全部書籍者，請於正覺同修會共修時間，親到各共修處請購及索取；**台北市讀者**請洽：103 台北市承德路三段 267 號 10 樓（捷運淡水線 圓山站旁）請書時間：週一至週五爲 18.00~21.00，第一、三、五週週六爲 10.00~21.00，雙週之週六爲 10.00~18.00 請購處專線電話：25957295-分機 14（於請書時間方有人接聽）。

敬告大陸讀者：

大陸讀者購書、索書捷徑（尚未在大陸出版的書籍，以下二個途徑都可以購得，電子書另包括結緣書籍）：

1.廈門外國圖書公司：廈門市思明區湖濱南路 809 號 廈門外圖書城 3F
　　郵編：361004　電話：0592-5061658　網址：JKB118@188.COM

2.電子書：正智出版社有限公司及正覺同修會在台灣印行的各種局版書、結緣書，已有『**正覺電子書**』陸續上線中，提供讀者於手機、平板電腦上購書、下載、閱讀正智出版社、正覺同修會及正覺教育基金會所出版之電子書，詳細訊息敬請參閱『正覺電子書』專頁：http://books.enlighten.org.tw/ebook

關於平實導師的書訊，請上網查閱：

　　成佛之道　http://www.a202.idv.tw

　　正智出版社 書香園地　http://books.enlighten.org.tw/

中國網採訪佛教正覺同修會、正覺教育基金會訊息：

http://big5.china.com.cn/gate/big5/fangtan.china.com.cn/2014-06/19/content_32714638.htm

http://pinpai.china.com.cn/

★ 正智出版社有限公司售書之稅後盈餘，全部捐助財團法人正覺寺籌備處、佛教正覺同修會、正覺教育基金會，供作弘法及購建道場之用；懇請諸方大德支持，功德無量。

★ 聲　明 ★

本社於 2015/01/01 開始調整本目錄中部分書籍之售價，以因應各項成本的持續增加。

＊ 喇嘛教修外道雙身法、墮識陰境界，非佛教 ＊

＊ 弘揚如來藏他空見的覺囊派才是真正藏傳佛教 ＊

售後服務—換書啓事（免附回郵） 2012/09/24

《楞嚴經講記》第 14 輯初版首刷本免費調換新書啓事：本講記第 14 輯出版前因 平實導師諸事繁忙，未將之重新閱讀而只改正校對時發現的錯別字，故未能發覺十年前所說法義有部分錯誤，於第 15 輯付印前重閱時才發覺第 14 輯中有部分錯誤尚未改正。今已重新審閱修改並已重印完成，煩請所有讀者將以前所購第 14 輯初版首刷本，寄回本社免費換新（初版二刷本無錯誤），本社將於寄回新書時同時附上您寄書回來換新時所付的郵資，並在此向所有讀者致上最誠懇的歉意。

《心經密意》初版書免費調換二版新書啓事：本書係演講錄音整理成書，講時因時間所限，省略部分段落未講。後於再版時補寫增加 13 頁，維持原價流通之。茲爲顧及初版讀者權益，自 2003/9/30 開始免費調換新書，原有初版一刷、二刷書籍，皆可寄來本來公司換書。

《宗門法眼》已經增寫改版爲 464 頁新書，2008 年 6 月中旬出版。讀者原有初版之第一刷、第二刷書本，都可以寄回本社免費調換改版新書。改版後之公案及錯悟事例維持不變，但將內容加以增說，較改版前更具有廣度與深度，將更能助益讀者參究實相。

換書者免附回郵，亦無截止期限；舊書請寄：111 台北郵政 73-151 號信箱 或 103 台北市承德路三段 267 號 10 樓 正智出版社有限公司。舊書若有塗鴨、殘缺、破損者，仍可換取新書；但缺頁之舊書至少應仍有五分之三頁數，方可換書。所有讀者不必顧念本公司是否有盈餘之問題，都請踴躍寄來換書；本公司成立之目的不是營利，只要能眞實利益學人，即已達到成立及運作之目的。若以郵寄方式換書者，免附回郵；並於寄回新書時，由本社附上您寄來書籍時耗用的郵資。造成您不便之處，再次致上萬分的歉意。

正智出版社有限公司 啓

國家圖書館出版品預行編目(CIP)資料

西藏「活佛轉世」制度：附佛、造神、世俗法 /
許正豐, 張正玄作. -- 初版. --
臺北市：正覺出版社, 2015.01
面； 公分
ISBN 978-986-86852-6-0（平裝）

1.藏傳佛教

226.96 104001566

西藏「活佛轉世」制度
——附佛、造神、世俗法

作　者：許正豐　張正玄
出 版 者：財團法人正覺教育基金會正覺出版社
通訊地址：10367 台北市承德路三段 267 號 10 樓
電　話：+886-2-25957295 ext.10-21（請於夜間共修時間聯繫）
傳　真：+886-2-25954493
帳　號：09037170995910　合作金庫 民族分行
總 經 銷：
聯合發行股份有限公司
231 新北市新店區寶橋路 235 巷 6 弄 6 號 4 樓
電話：〇二 29178022（代表號）
傳眞：〇二 29156275
定　價：新台幣一五〇元
初版首刷：二〇一五年五月 二千冊